NOR DER NEY

Der neue Stil der Insel

Ralf Taprogge | Carsten Muecke

Prolog

Norderney verändert sich

Was passiert, wenn eine ganze Insel in Bewegung gerät, wenn zwischen Dünengürtel und Wattenmeer an jeder Ecke spannende Ideen Wirklichkeit werden und Menschen inmitten der Nordsee voller Mut und Dynamik Zukunft wagen - und dabei den Ursprüngen ihres Eilands so nahe kommen wie selten zuvor?

Norderney erlebt einen rasanten Wandel. Wir haben die Veränderungen der vergangenen Jahre mit Neugier und aus der unabhängigen Perspektive des Außenstehenden intensiv erlebt und mit Sympathie und Leidenschaft begleitet. Seit 2005 geben wir auf Norderney ein zweimal pro Jahr erscheinendes Magazin für Urlauber heraus. Dieses Buch zeigt eine Zwischenbilanz unserer bisherigen Erfahrungen. Ein moderner Reiseführer, der Geschmack macht und Orientierung bietet für einen möglichst schönen Urlaub.

„Der neue Stil der Insel" meint für uns allerdings nicht nur das Neue und Moderne, sondern auch das Bewährte. Wir kennen Norderney seit Kindertagen. Was immer schon gut war, bleibt weiterhin spannend. Es ist eher dieses Zusammenspiel aller Facetten der Insel, was das Besondere an Norderney ausmacht. Strandgetümmel, endlose Weite unberührter Inselnatur. Fischerhäuser, moderne Bauten, dazwischen Spuren königlicher Seebadtradition. Restaurants aller Art, auch urige Kneipen, daneben Lounges und Bars. Thalasso, Day Spa und Rauschebärte. Ein bunt gemischtes Publikum auf einer Insel voller Kontraste.
Wir halten Norderney für eines der attraktivsten Ferienziele in Deutschland - und wir werden Ihnen zeigen, warum.

Ralf Taprogge, Carsten Muecke

Carsten Muecke bei Fotoaufnahmen auf Norderney
Ralf Taprogge bei seinem ersten Norderney Urlaub Ende der 1960er Jahre am Nordstrand

Inhalt

Der neue Stil der Insel

FÄHR-
BRÜCKE 1
16:45
GUTE FAHRT!

Verkehr

Mit dem Auto auf die Insel?

Für alle, die es noch nicht wissen: Auf Norderney dürfen Sie Auto fahren, wenn auch mit zahlreichen sinnvollen Einschränkungen. Aber lohnt es sich, den eigenen Wagen mit auf die Insel zu nehmen? Weite Teile der Innenstadt sind während der Saison nur bei An- und Abreise oder mit Sondergenehmigung für Kraftfahrzeuge zugänglich. Die meiste Zeit steht der Wagen daher ungenutzt auf einem der zentralen Dauerparkplätze. Voll beladen oder für eine bequeme Erreichbarkeit der Ausflugsziele im Inselosten bleibt das eigene Auto vor Ort allerdings ganzjährig eine praktische Sache. Aber reicht das?

Zur groben Orientierung kann man sagen: Je voller die Insel, je besser das Wetter, je weniger Personen, je kürzer der Aufenthalt, je weniger Gepäck und je seltener man den Inselosten erkunden möchte, desto weniger macht es angesichts der Fährkosten Sinn, das Auto mitzunehmen. Wir finden den Wagen vor allem im Winter nützlich, außerhalb der Ferienzeit, denn dann sind die Fahrbeschränkungen im Zentrum deutlich gelockert - und bei wechselhafter winterlicher Witterung wird das Auto bei kleinen und größeren Ausflügen schnell zur wärmenden Fluchtburg.

Tipp.
An der Richtung Zentrum führenden Hafenstraße ist ein ganzjährig kostenfreier, unbewachter Dauerparkplatz ausgeschildert, der nur ein paar Schritte weiter vom Kurplatz entfernt liegt, als sein kostenpflichtiges Pendant nebenan.

Strandpromenade

Flaniermeile am Meer

Schick ist sie geworden, die in den vergangenen Jahren runderneuerte Norderneyer Promenade. Was eigentlich vor allem als Bollwerk gegen schwere Sturmfluten dienen soll, bietet heute effektiven Küstenschutz mit Mehrwert. Denn auf der Grenzlinie zwischen Natur und Zivilisation lässt es sich nicht nur bestens flanieren - Stichwort: sehen und gesehen werden - man streift gleichzeitig im Vorbeigehen sehenswerte Beispiele historischer Inselarchitektur wie die monumentale Villa Hanebuth am Weststrand oder die 1873 im Stil der Neugotik errichtete Villa Fresena, in der vor vielen Jahren auch einmal ein Reichskanzler von Bülow den damaligen Kaiser Wilhelm II. empfing.

Kultur und Geschichte auf der einen, pure Natur auf der anderen Seite. Wer allerdings hier an der Wasserkante dem typischen Nordsee Meeresgetier begegnen möchte, muss runter an den Strand, mit den Füßen ins Wasser - und Glück haben. Unser Tipp für alle, die trocken bleiben möchten: die tollen Aquarien im Nationalparkhaus mit ihren Krebsen, Seesternen, Muscheln und Fischen. Einfach immer die Promenade entlang bis zum Hafen.

»
Niedersächsischer Landesbetrieb für Wasserwirtschaft, Küsten- u. Naturschutz
www.nlwkn.niedersachsen.de

links: lebendes Meeresgetier im Nationalparkhaus,
rechts: Promenade mit Villa Fresena (heute Villa Belvedere)

»
Nationalparkhaus Norderney
Am Hafen 1, (04932) 2001
www.nationalparkhaus-norderney.de

Postkarten von Griet Reverts (www.duenenhaus-blautal.de) sind z.B. in der Bibliothek im Conversationshaus erhältlich

»

Hein & Hutsie
Bismarckstraße 8, (04932) 927140
www.norderneyboutique.de

Surf + Fashion
Strandstraße 14, (04932) 525
www.esurf.de

Tipp.
Ein aktueller Wetterbericht ist unterhalb der DWD Wetterstation an der Promenade kurz hinter dem Surfcafé zu finden.

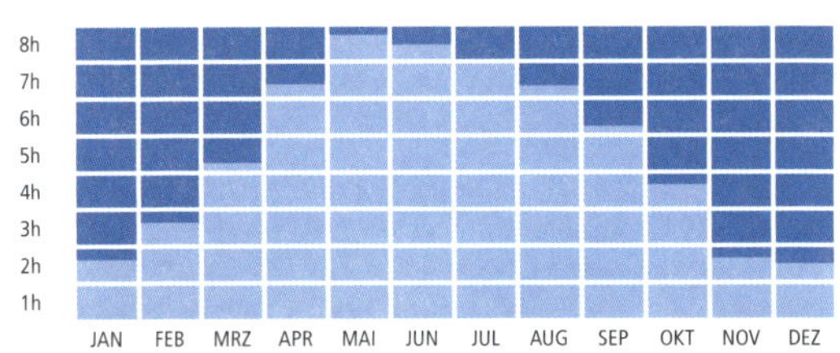

Durchschnittliche Sonnenstunden/Tag
(Quelle DWD, www.dwd.de)

Nordseewetter

Der Wind vertreibt die Wolken

Die Zahl der Sonnenstunden auf Norderney kann sich sehen lassen. Typisches Nordseewetter hat jedoch weit mehr zu bieten. Erst im raschen Wechsel von Sonne, Wind und Wolken entfaltet sich das natürliche Reizklima, das so viele Menschen an die Küste zieht. Und wenn es mal regnet, vertreibt der Wind oft rasch die Wolken. Wie auch immer das Urlaubswetter wird - passend gekleidet kann kaum etwas schief gehen. Für lässige Bademoden bei sengender Sonne empfehlen wir Surf + Fashion in der Strandstraße. Funktionale Mode fast aller führenden Hersteller - von der Segeljacke bis zur Regenhose - gibt es bei Hein & Hutsie.

links: kurPalais in der Orangerie,
rechts: Winterstimmung auf dem neu gestalteten Kurplatz, daneben „Weisser Saal" im Conversationshaus

Conversationshaus

Zentraler Treffpunkt der Insel

Was Norderney lange Jahre fehlte, war ein übergeordneter gesellschaftlicher Rahmen, ein repräsentativer Ort der Begegnung. Das war schon einmal anders. Mutige Norderneyer hatten 1837 auf einem sandigen Hügel ein Conversationshaus errichtet, das selbst Ansprüchen von Prinzen und Königen genügte. Der prachtvolle Bau steht in enger Verbindung zum Aufstieg der Insel als Seebad. Der Tourismus boomte, die Jahre vergingen und wie das manchmal so ist, das ursprüngliche Conversationshaus und dessen Funktion gerieten in Vergessenheit. Doch was früher schon gut war, ist jetzt reaktiviert - das Conversationshaus am Kurplatz seit dem Sommer 2008 wieder quicklebendig. Ein zentraler Treffpunkt voller Lebenswärme für die Norderneyer und ihre Gäste.

In Analogie zu einem klassischen Grand Hotel übernimmt - so wirkt es zumindest - das Conversationshaus auf Norderney die Funktion einer Lobby. Bleiben wir in diesem Bild, dann entspricht der Rezeption im Hotel die Touristeninformation. In der weitläufigen Orangerie gibt es zudem einige Internet-Terminals, eine bequeme Lounge sowie eine einladende Caféserie. Wie in einem bedeutenden Grand Hotel darf auch eine stilvolle Salonbar nicht fehlen, hier das kurPalais. Mit dem „Grossen Saal" und dem „Weissen Saal" verfügt das Conversationshaus für Veranstaltungen über zwei beeindruckende Gesellschaftsräume im ursprünglichen historischen Stil. Nicht zu vergessen, gleich rechts vom Eingang, ein Laden für Interieur und Accessoires. Direkt daneben ein Lesesaal und ganz außen - als ein Highlight des Hauses - die wunderschöne Bibliothek.

» **Touristeninformation**
Am Kurplatz 1, (04932) 891132
www.norderney.de

SAR

Winter

Erfrischend anders

Kommen Sie unbedingt einmal zwischen November und Februar nach Norderney und erleben Sie bei klirrender Kälte und klarer Luft ein völlig anderes Gesicht der Insel. Kommen Sie zur Weihnachtszeit oder um Karneval, wenn Sie den winterlichen Trubel suchen. Oder reisen Sie in den Wochen dazwischen und genießen Entspannung und Stille.

Auch um diese Zeit des Jahres hat Norderney Überraschendes zu bieten. Stürzen Sie sich, wenn es die Gesundheit zulässt, am Neujahrstag beim Anbaden in die eiskalten Fluten, trainieren Sie Ihre Fitness bei einem Nordic-Walking Wochenende im Januar - oder zaubern Sie sich einfach Ihr ganz eigenes Norderneyer Winterprogramm.

links: Anbaden am Weststrand, rechts: Nordic-Walking Wochenende (www.koenig-events.de)

Bibliothek

Medienvielfalt in grandiosem Ambiente

Was andernorts Stadtbücherei heißt, darf auf Norderney mit Fug und Recht als Bibliothek bezeichnet werden. Mancher Besucher fühlt sich spontan an Filme wie „Notting Hill“ oder „Der Name der Rose“ erinnert. Eine beeindruckende Atmosphäre: großzügig, offen, mit einer schönen Empore und Regalen hoch bis zur Decke. Selbst wer mit Büchereien bislang wenig im Sinn hat, sollte hier unbedingt vorbeischauen. Denn neben einem üppigen Buch-, DVD- und Hörbuch-Angebot lohnt allein die Optik des Raumes einen Besuch.

Die Ausleihe der Bibliothek im Conversationshaus steht selbstverständlich auch Gästen zur Verfügung. Die formalen Details zu Öffnungszeiten, Nutzung und Preisen entnehmen Sie einem in der Bibliothek erhältlichen Faltblatt.

Tipp.
In der Orangerie des Conversationshauses stehen einige für Urlauber (zeitlich begrenzt) kostenlos nutzbare Internet Terminals. Inspiration zu lohnenden Buch- und Hörbuchtiteln finden Sie zum Beispiel unter www.litcolony.de.

» **Bibliothek Norderney**
Am Kurplatz 1, (04932) 891296
www.norderney.de

Laufwege

Ein Paradies für Jogger

An besonders heißen Tagen läuft man einfach ab dem Nordbad kilometerweit barfuß am Strand und genießt bei jedem Schritt das kühlende Wasser an den Füßen. Alternativ führt ein gut ausgebautes Netz befestigter Wege durch die Dünenlandschaft. Der Deich entlang der Wattseite, die langgezogene Promenade oder auch das kleine Wäldchen nahe dem östlichen Ortsausgang bieten weitere attraktive und zentrumsnahe Laufwege. Norderney gilt auch deshalb als ein Paradies für Jogger, weil es so vielfältige Variationen der Laufstrecke ermöglicht.

Unsere Lieblingsstrecke führt vor Sonnenuntergang nach rechts auf die Promenade und dann weiter bis zu deren Ende, etwa 300 Meter hinter dem Strandrestaurant Cornelius. Über einen schmalen Pfad gelangen wir zur Mainstraße, durchqueren nach deren Ende das Ruppertsburger Wäldchen und stoßen hinter dem Gewerbegelände bereits wieder auf Wasser. Wir laufen nach rechts über den Deich Richtung Hafen, vorbei am Yachthafen bis zum Fähranleger. Hier geht es direkt an der Wasserkante erneut auf die Promenade und in der Dämmerung zurück zum Ausgangspunkt.

Tipp.
Sie trainieren regelmäßig und suchen die läuferische Herausforderung? Dann machen Sie mit beim Norderney-Marathon. Anmeldung, Streckenverlauf und Termine finden Sie im Internet. Auch Laufstaffeln sind möglich. Infos zu weiteren Laufveranstaltungen und regelmäßigen Lauftreffs - auch für Gäste - bietet der TUS Norderney.

» **Norderney Marathon**
www.norderney-marathon.de

» **TUS Norderney e.V.**
www.tus-norderney.de

8114
8122
8100

Tipp.
Unter dem bezeichnenden Titel „Endlich Regen. Die guten Seiten des schlechten Wetters" informieren die Heilpraktikerin Karin Rass und der Kinderarzt Stefan Hammann regelmäßig im Badehaus mit unterhaltsamen Vorträgen über die Vorzüge der sogenannten Klimatherapie. Einfach mal bei der Touristeninformation nach Terminen fragen.

»
Badehaus Norderney
Am Kurplatz 2, (04932) 891162
www.badehaus-norderney.de

Thalasso
Die Kraft des Meeres

Sehr vereinfacht ausgedrückt meint Thalasso die Nutzung maritimer Naturkräfte zur Steigerung des Wohlbefindens. So gesehen wäre ganz Norderney irgendwie Thalasso. Nirgendwo jedoch werden die heilsamen Möglichkeiten der Insel so konzentriert zusammengefasst wie im größtem öffentlich zugänglichen Thalassozentrum Deutschlands: dem Badehaus Norderney. Ein zentrales Bewegungsbecken in einem großen basilikaartigen Raum, umliegend weitere Bäder, Saunen, Ruhezonen, Außenterrassen sowie die außergewöhnlich geschmackvoll mit dunklem Naturstein gestalteten Massage- und Anwendungsräume machen das Badehaus zu einem Erlebnis für alle Sinne. Unsere persönlichen Highlights sind die monumentalen Hochduschen, bei denen die Kraft des fallenden Salzwassers erspürbar wird, sowie das Heißbad mit 42 Grad in einem ehemaligen Treppenhausschacht, 6 Meter hoch nach oben führend, zum Himmel hin geöffnet.

3394

Strandszenen I

Im Sand am Meer

Seien wir ehrlich: Die Sandstrände an der Nordsee sind fast überall schön. Die wahren Unterschiede liegen beim Blick Richtung Wasser zumeist im Rücken des Betrachters. Eine Besonderheit auf Norderney besteht in der Vielfalt der Strände und der gebotenen Infrastruktur. Deutlich mehr als 10 Kilometer durchgängigen Sandstrand hat die Insel zu bieten - dazwischen vier bewachte Badestrände: der Weststrand, das Nordbad, der Oststrand sowie die Oase. Jeder dieser vier Strände besitzt einen eigenen Charakter. Wer genügend Zeit hat, sollte alle besuchen.

Tipp.
Wir haben auf Norderney schon viele kitschige Sonnenuntergänge am Strand erlebt und man könnte sagen: „Kennste einen, kennste alle." Aber weit gefehlt. Wer erleben möchte, wie sich Mutter Natur mit surrealen Farbspielen so richtig ins Zeug legt, sollte es im Winter probieren - ohnehin eine unterschätzte Reisezeit.

» **Strandkorb Vorbestellservice**
(04932) 891122
www.norderney.de

45

Strandszenen II

Weststrand und Nordbad

Von den vier Badestränden der Insel ist der Weststrand dem Zentrum am nächsten gelegen. Die gute Erreichbarkeit, ein attraktiver Abenteuerspielplatz direkt am Wasser und die im Vergleich zu den anderen Stränden etwas windgeschütztere Lage machen den Weststrand auch bei Familien mit kleineren Kindern zu einem beliebten Ziel. Mit der Giftbude gibt es ein unmittelbar am Wasser gelegenes Strandrestaurant, die üblichen Service-Einrichtungen sind an allen bewachten Badestränden ohnehin selbstverständlich. Nur bei Flut müssen alle enger zusammenrücken, denn dann wird der Weststrand gemütlich schmal - ganz familiär eben.

Das Nordbad liegt zwischen dem Surfcafé am Januskopf und dem östlichen Ende der Promenade. Immer noch relativ zügig vom Zentrum aus erreichbar, markiert dieser Bereich die Grenze zwischen den eher urban geprägten Strandabschnitten im Westen und den naturbelassenen Stränden im Osten. Während der Hauptsaison sendet hier das Norderneyer Inselradio SWS auf UKW 104 MHz live aus dem Strandstudio am Nordstrand. Unmittelbar daneben erwacht seit kurzem eine bekannte Gastronomie früherer Tage in frischem Gewand zu neuem Leben: das Strandrestaurant Cornelius. Schauen Sie sich den 1964 auf Norderney gedrehten TV-Krimi „Strandkorb 421" aus der legendären „Stahlnetz" Reihe an, und Sie können das Gestern und Heute vergleichen.

Tipp.
Wer gerne aufs Wasser schaut und Schiffe beobachtet, ist vor allem am Weststrand und mit Einschränkungen am Nordstrand bestens aufgehoben. Ausgerüstet mit Notebook und UMTS dann der Clou: Digital Seas aus Rostock bietet live Fleet Tracking der Schiffsbewegungen vor Norderney - wer, von wo, wie schnell und wohin. Spannend.

»
Digital Seas
www.digital-seas.com

»
Inselradio SWS
(04932) 927283
www.radio-sws.de

Strandszenen III
Ostbad und FKK-Strand

Richtung Inselosten gewinnt der von einem Dünengürtel gesäumte Norderneyer Strand zunehmend an Weite - Nordsee Natur pur. Während das Ostbad, besser bekannt unter dem Namen „Weisse Düne", noch bei einem längeren Spaziergang am Wasser oder durch die Dünen gut erreichbar bleibt, wird die Tour bis zum FKK-Strand, auch „Oase" genannt, schnell zu einer strammen Wanderung. Wer nicht gerne läuft, erreicht beide Badestrände im Osten auch bequem mit dem Fahrrad oder öffentlichen Verkehrsmitteln.

Der Strand an der „Weissen Düne“ gilt für viele als der schönste der Insel, sind die Spuren der Zivilisation hier doch auf ein Minimum beschränkt und die Dünenformationen besonders malerisch. Der Strand an der „Oase“ wird nach Osten hin immer weitläufiger, wirkt manchmal fast wüstenartig. Dafür hat dieser Abschnitt während der Saison eine besondere Attraktion zu bieten: eine Sauna direkt am Strand.

Tipp.
Aktuelle Fahrpläne der Busse in den Inselosten stehen unter www.norderney.de, Menüpunkt „Die Insel“, zum Download und Ausdruck bereit. Der Busbahnhof befindet sich in der Jann-Berghaus-Straße.

Kurtheater

Großes Kino

Wir gestehen: Bei uns hat es auch eine Weile gedauert, bis wir zum ersten Mal dort waren. Kino und Strandurlaub, das passt irgendwie nicht zusammen - so könnte man vielleicht denken. Jetzt wissen wir, wer glaubt, er kennt Norderney, und hat noch nie einen Film im Kurtheater gesehen, dem ist eine der ungewöhnlichsten Attraktionen der Insel entgangen. Denn was im plüschigen Ambiente dieses Ende des vorletzten Jahrhunderts erbauten Theaters geboten wird, geht über reine Filmvorführung hinaus - was der Besucher hier erlebt ist sprichwörtlich großes Kino.

Seit einer umfassenden Sanierung des Gebäudes besitzt das zentral neben dem Haus der Insel gelegene Kurtheater nicht nur innen wie außen eine aufgefrischte Optik nach historischem Vorbild, sondern auch eine technische Ausstattung, die modernen Ansprüchen entspricht. Der Ton ist beeindruckend und die Leinwand größer als man erwartet. Eine neue Bestuhlung sorgt zudem für mehr Beinfreiheit. Und die Atmosphäre im Saal spricht für sich. Eine Schauvitrine mit den Kinoplakaten und den aktuellen Terminen befindet sich am Kurplatz in der Nähe der Park-Apotheke. Sie werden überrascht sein, wie häufig das Programm wechselt.

Tipp.
Wer mit Kino gar nichts am Hut hat, kann das Kurtheater dennoch von innen erleben. Schauen Sie in den Veranstaltungskalender oder fragen Sie nach bei der Touristeninformation: Neben Filmvorführungen gibt es in diesem historischen Kleinod auch regelmäßig Musik, Theater, Kleinkunst und Kabarett zu sehen.

Kajaktour

Ausflug ins Wattenmeer

Wer am Yachthafen kurz vor dem Bootshaus nach links in die Dünen biegt, erlebt Norderney einmal mehr als Insel außergewöhnlicher Kontraste. Denn hier auf dem feinsandigen Gelände der Happy Surfschule - fernab vom Trubel in der Innenstadt - bestimmen Boards und Boote, Bastmatten und bunte Holzhütten das Bild. Auch wer selbst nicht surft, hat einen guten Grund herzukommen: Die von der Surfschule regelmäßig angebotenen Kajakausflüge ins Wattenmeer versprechen ein großartiges Naturerlebnis für Jung und Alt.

Von der Surfstation aus verläuft die Tour zunächst parallel zur Insel und führt danach weiter entlang einer bei Ebbe freigelegten Sandbank. Hier lassen sich meistens auch Seehunde beobachten. Etwa auf Höhe des Leuchtturms macht die Sandbank einen Knick Richtung Festland. Die Route führt dann noch ein Stück weiter bis zu einem alten Flakständer - und anschließend auf gleichem Weg zurück Richtung Hafen. Gepaddelt wird nur mit professioneller Begleitung und unter Beachtung aller notwendigen Sicherheitsvorkehrungen. Die Mindestteilnehmerzahl für den Kajakausflug ins Wattenmeer beträgt vier Personen, so dass schon zwei gemeinsam reisende Paare oder Familien eine eigene Tour planen können.

Tipp.
Besonders schön ist der Ausflug dann, wenn die Tiede so liegt, dass man im Sommer bei Sonnenuntergang zurückkommt.

»
Happy Surfschule Norderney
Am Yachthafen, (04932) 648
www.surfschule-norderney.de

Tipp.
Wenn Sie sich den Sound der Insel mit nach Hause nehmen möchten: Sowohl Weisse Düne und Milchbar als auch das Surfcafé am Januskopf haben mittlerweile mehrere eigene CDs herausgebracht, die direkt vor Ort erhältlich sind.

» **Weisse Düne**
Weisse Düne 1, (04932) 935717
www.weisseduene.com

» **Milchbar am Meer**
Damenpfad 35, (04932) 927344
www.milchbar-norderney.de

links: Milchbar Norderney, rechts: Weisse Düne

Lounge

Wohnzimmer der Insel

Mancher erinnert sich vielleicht, als vor Jahren in angesagten Bars plötzlich überwiegend Sofakissen auf dem Boden lagen, drumherum ein wenig trendiges Design. „Lounge" hieß das damals und so heißt es noch immer - in ungezählten Variationen. Auf Norderney verkörpern zum Beispiel Lokale wie die Milchbar oder die Weisse Düne in erfrischender Form ein zeitgemäßes „Lounge" Ambiente: bequeme Sessel und Sofas, Naturstoffe und -materialien, dazu schicke Accessoires und ein relaxter Sound. Bequem und gemütlich wie im heimischen Wohnzimmer - aber mit dem offenen Blick Richtung Meer fast noch eine Spur entspannter.

Radfahren

Gesunder Spaß

Das Schöne am Radfahren: Man bewegt sich an der frischen Luft und aus eigener Kraft dynamisch vorwärts, muss aber sein Gewicht nicht tragen. Bequemer kann Sport kaum sein. Also schwingen Sie sich auf den Drahtesel und erkunden Sie

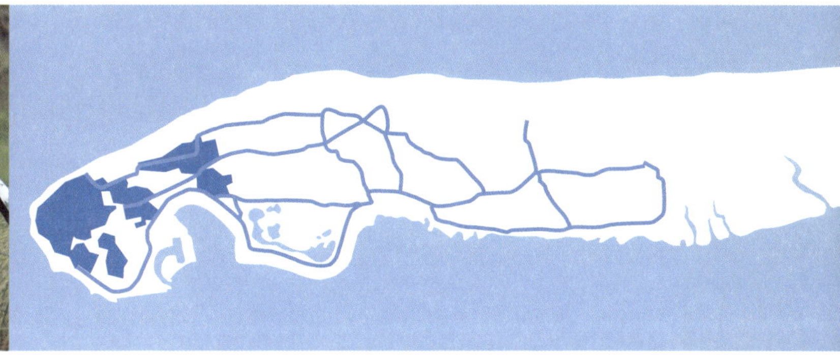

links: Deich an der Wattseite
rechts: Norderneyer Radwegenetz, Profis des SV Werder Bremen im Trainingslager auf Norderney

Norderney auch einmal mit dem Rad. An jeder zweiten Ecke in der Innenstadt finden Sie einen Fahrradverleih, am Herrenpfad sogar gleich mehrere. Die Wege in den Inselosten führen über ein überschaubares und gut ausgeschildertes Netz von Radwegen. Vor allem begeisterten Strandurlaubern empfehlen wir als spannenden Kontrast eine Fahrradtour entlang der Wattseite.

Wir starten am Hafen, treffen uns direkt am Fähranleger. Von dort halten wir uns halbrechts und fahren am Hafenbecken entlang, vorbei an Yachthafen und Segelschule bis direkt auf den grün bewachsenen Deich. Nach einer extrem lang gezogenen Rechtskurve fällt der Blick auf zwei Highlights der insularen Natur: rechts die Weite des Wattenmeeres und links ein Vogelschutzgebiet mit zahlreichen Flachwasserzonen, das einer großen Zahl von Seevogelarten als wichtiges Brut- und Rastgebiet dient. Am Ende des Deichweges folgen wir der Beschilderung Richtung Leuchtturm. Die Strecke führt nun für kurze Zeit über die Straße „Am Leuchtturm". Wir passieren das Golfhotel und den Golfplatz und biegen erneut in die Dünen. Hinter einem winzigen Wäldchen mit knorrigen Baumstämmen ist das Ziel der Tour erreicht: der Norderneyer Leuchtturm.

Surf Connection

Die perfekte Welle

Nur ein Mensch, ein Brett und das Warten auf die Welle - bis es endlich losgeht. Surfen verkörpert ein Lebensgefühl. Eine faszinierende Verbindung von Sport und Ästhetik, die Fans und Aktive seit Generationen begeistert. An Deutschlands Küsten bieten nur wenige Strände geeignete Bedingungen für Wellenreiter. Einer dieser Surfspots liegt auf Norderney - am Januskopf. „Wenn das Wetter stimmt, sind mittlerweile regelmäßig die Surfer draußen", schildert Torsten Kruse seine Eindrücke. Er muss es wissen, denn sein beliebtes Surfcafé liegt am Januskopf, direkt oberhalb des Strandes und ist - nicht nur, aber auch - ein prima Treffpunkt für Wellenreiter und alle, die es gerne wären. Das Surfcafé bildet zusammen mit Surf + Fashion und der Surfschule Norderney so etwas wie eine Surf Connection - drei Läden, deren Verbindung zum Surfen eine besondere ist. Für alle, die es selbst mal probieren wollen - die Surfschule bietet in der Saison Kurse im Wellenreiten. Und von Quicksilver über Roxy bis Billabong bekommt man bei Surf + Fashion die Mode der Szene.

» **Surfcafé Norderney**
Am Januskopf 9, (04932) 935750
www.surfcafe.info

» **Happy Surfschule Norderney**
Am Yachthafen, (04932) 648
www.surfschule-norderney.de

» **Surf + Fashion**
Strandstraße 14, (04932) 525
www.esurf.de

links: Surfer am Januskopf, rechts: Surfcafé - auch nach Sonnenuntergang ein reizvolles Ziel

Rotwein

Tipp.
Obacht. Die faszinierende Naturlandschaft der Insel ist Teil des Nationalparks Niedersächsisches Wattenmeer. Niemand sollte die Schutzgebiete im Osten betreten, ohne sich zuvor ausführlich zu informieren. Beste Gelegenheit dazu bietet das Nationalparkhaus am Hafen.

» **Deff Westerkamp Fotografie**
www.deff.de

1837 Norderney
Am Kurplatz 1, (04932) 934636,
www.1837norderney.de

Nationalparkhaus Norderney
Am Hafen 1, (04932) 2001,
www.nationalparkhaus-norderney.de

Meerlandschaft

Faszinierender Anblick

Niemand fotografiert die Naturlandschaften im Osten der Insel eindrucksvoller als Deff Westerkamp. Spätestens, wenn wenige Kilometer hinter dem Norderneyer Ortsausgangsschild die letzten Straßen enden, beginnt eine andere Welt. Die zum Teil surreal anmutenden Aufnahmen von Deff Westerkamp sind nicht nur als Postkarten, sondern auch als großformatige Wandbilder in exklusivem Design bei 1837 Norderney im Conversationshaus erhältlich.

SAR
ANT
DERNEY

Hafenwelten

Maritimes Flair

Was macht eigentlich die Faszination von Häfen aus? Vielleicht ein kaum bewusstes Gefühl von Sicherheit gepaart mit ein wenig Fernweh und einer für viele ungewohnten Form maritimer Betriebsamkeit, die das Auge erfreut. Kurz gesagt: Es gibt reichlich zu gucken. Das gilt auch für den Norderneyer Hafen.

Ausflugsboote, Arbeitsschiffe, parkende Fähren, ab und zu ein Krabbenkutter oder der hier stationierte Seenotrettungskreuzer „Bernhard Gruben" - entlang der Kaimauer ist immer etwas los. Parallel dazu auf der zur Insel gelegenen Seite hat der Malermeister Wilfried Schlegel der Hafenmauer mit unzähligen maritimen Motiven ein kunterbuntes Aussehen verpasst - toll anzuschauen vor allem für die Kinder. Auch das Norderneyer Inselradio SWS hat hier ein Studio und betreibt nebenbei unter www.radio-sws.de eine der interessantesten Webcams der Insel mit Blick auf die Hafeneinfahrt.

Am weiter hinten gelegenen Yachthafen bestimmen Segel-, Sport- und Freizeitboote das Bild. Während der Saison ein besonderer Hingucker: die in dem ehemaligen Fahrgastschiff MS Freundschaft untergebrachte Norderneyer Segelschule. Wer dann nach einer ausgedehnten Hafen-Tour Durst oder Appetit bekommt, kann gleich vis-a-vis im Restaurant Bootshaus einkehren.

Übrigens: Für die Norderneyer Senioren ist an der Stirnseite des Fähranlegers eine eigene Rentnerbank reserviert. Die Herrschaften werden sich auskennen und wissen, warum sie sich gerade hier treffen. Also auf in den Hafen.

» **Treffpunkt Segelschule**
Am Yachthafen, (04932) 766
www.segelschule-norderney.de

Golfplatz

Einzigartiger Links Course

Falls Sie jemals mit dem Gedanken gespielt haben, das Golfen einmal zu probieren - hier ist die Gelegenheit. Norderney verfügt über einen grandios gelegenen Links Course. Dabei handelt es sich um die traditionsreichste Art von Golfanlage, typischerweise in einer sanft hügeligen Sand- und Dünenlandschaft gelegen und für jeden Golfer ein besonderer Reiz.

Eine Schnupperstunde mit dem Pro - so nennen die Golfer den Trainer - ist für Anfänger der einfachste und effektivste Weg, auf Norderney das Golfen unverbindlich kennenzulernen. Etwa von Ostern bis Ende Oktober ist der Golflehrer auf der Insel, so dass in der Saison auch kurzfristige Terminvereinbarungen meistens möglich sind. Einfach anrufen, eine Email schreiben oder persönlich am Golfplatz vorbeikommen. Büro und Clubräume sind über den links neben dem Golf-Hotel gelegenen Parkplatz zu erreichen.

Zur Einstimmung empfehlen wir als Lesestoff die launige Golf Fibel von Stefan Maiwald aus der dtv Reihe „Kleine Philosophie der Passionen".

Tipp.
Wer es lieber eine Nummer kleiner mag oder mit Kindern unterwegs ist, kann alternativ auch Minigolf spielen. Die schönste Anlage auf Norderney befindet sich unterhalb der Georgshöhe am Januskopf - immer nur die Promenade entlang Richtung Nordstrand.

»
Golfclub Norderney e.V.
Am Golfplatz 2, (04932) 927156
www.gc-norderney.de

» **Strandhotel Georgshöhe**
Kaiserstraße 24, (04932) 8980
www.georgshoehe.de

» **Seesteg**
Damenpfad 36a, (04932) 893600
www.seesteg-norderney.de

Wellness

Entspannung für die Sinne

Das Thema Wohlbefinden wird auf Norderney groß geschrieben. Und die geweckten Erwartungen werden auf breiter Ebene erfüllt. Neben dem Badehaus als öffentlichem Thalasso-Zentrum warten zahlreiche Gastgeber mit eigenen Wellness-Angeboten auf. Das Spektrum reicht von der Sauna im Ferienhaus bis zu modernen Hotelanlagen von beachtlichen Ausmaßen.

Unter den auch für externe Gäste zugänglichen Spa- und Wellnessbereichen der großen Hotels sticht die 4.000 Quadratmeter große Wellness-Anlage im Strandhotel Georgshöhe hervor. Sauna-Fans werden begeistert sein, was sie hier geboten bekommen: ein Laconium, zwei Saunen und zwei Sanarien, alle mit Blick auf die Nordsee, dazu zwei große Meerwasseraußenpools sowie ein Meerwasserhallenbad, diverse Ruheräume, Duschtempel, Dampfbad und mehr. Besonders beeindruckend finden wir die Schneekabine, in der man sich nach dem Saunagang bei -7° bis -15° Celsius Abkühlung verschaffen kann.

Übrigens und vielleicht zur Zeit (noch) ein echter Geheimtipp: Wer im Seesteg die luxuriösen Angebote eines Day Spa genießt, bekommt damit auch als externer Gast die Möglichkeit, den außergewöhnlichen Swimming-Pool auf der Dachterrasse des Hotels kennenzulernen und in diesem Haus der Entschleunigung ein Verschmelzen der Wasserebenen zu erleben. Der Pool, das Meer, der Horizont. Alles wird eins. Grandios.

Tipp.
Auch im links vom Haupteingang gelegenen Seitenbereich des Badehauses erwarten Sie einige weitere Wellness- und Gesundheitsangebote, darunter der Beauty Treff von Karin Marcks (www.beauty-marcks-norderney.de).

links: Schneekabine im Strandhotel Georgshöhe, rechts: Seesteg Swimming-Pool

WEISSE DÜNE
NORDERNEY

Restaurants

Die Qual der Wahl

„Wo kann man denn gut essen gehen?" zählt für viele Gäste zu den wichtigen Fragen im Urlaub. Über einen Mangel an Vielfalt kann man sich auf Norderney wahrlich nicht beklagen. Das Problem lautet eher, wie soll man sich entscheiden? Wir können nur empfehlen: Probieren Sie auf jeden Fall mehreres aus, ansonsten wird Ihnen so manche Facette der Insel entgehen. Und variieren Sie auch mal und besuchen zum Beispiel ein typisches Strandrestaurant nach Sonnenuntergang. Sie werden überrascht sein, wie sich das Ambiente verändert.

Wir zeigen auf diesen Seiten Beispiele für die Vielfalt der Restaurants auf der Insel. Einen vollständigen Überblick der Norderneyer Gastronomie sowie der wichtigsten aktuellen Entwicklungen bietet unser halbjährlich erscheinendes ferien.ahoi Norderney Magazin (www.ferien-ahoi-norderney.de).

Tipp.
Bleiben Sie etwas länger oder kommen Sie häufiger nach Norderney, um mit der Zeit alle spannenden Lokale kennenzulernen und Ihre persönlichen Favoriten zu entdecken :)

auch am Abend einen Ausflug Wert: das Restaurant Weisse Düne

AM

Restaurants

Am Wasser

Vom Ostbad bis zum Yachthafen gibt es auf Norderney eine Reihe nah am Wasser gelegener Strandlokale und Restaurants. Hier einige Beispiele im Überblick.

Bootshaus. Restaurant direkt am Yachthafen mit tollem Blick auf den Hafen und das Wattenmeer. Am Hansendamm 1, (04932) 2850, www.bootshaus-norderney.de | **Cornelius.** Ein großer Name der Norderneyer Gastronomie vergangener Jahrzehnte wird seit 2008 am Nordstrand in frischer Form lebendig. Am Nordstrand 3, (04932) 935111, www.cornelius-das-strandrestaurant.de | **Giftbude.** Ein Klassiker am Weststrand mit anspruchsvoller Küche und vielen Fischspezialitäten. Kein Lokal auf der Insel liegt so nah am Wasser wie dieses. Am Weststrand 2, (04932) 991372, www.giftbude.de | **Mathilde am Meer.** Feines Restaurant im Strandhotel Pique. Etwas zurückgelegen an der Promenade und daher angenehm ruhig. Am Weststrand 3-4, (04932) 93930, www.hotel-pique.de | **Milchbar Norderney.** Wenn es auf Norderney ein Pendant zum legendären „Café del Mar" auf Ibiza gibt, dann dieses. Damenpfad 35, (04932) 927344, www.milchbar-norderney.de | **N'eys.** Gourmetrestaurant im Wintergarten des Strandhotel Georgshöhe - mit Tendenz Richtung klassischer Sterneküche. Kaiserstraße 24, (04932) 898404, www.georgshoehe.de

von links oben im Uhrzeigersinn: Fisch im Da Sergio, Matjes im Bootshaus, Wein am Kamin in der Osteria Amici, Hummer in der Giftbude am Weststrand, rechts: Milchreis in der Milchbar

Tipp.
Eine gute Übersicht zahlreicher Restaurant Bewertungen und Auszeichnungen von Gault Millau bis Michelin bietet das Gourmet-Portal restaurant-ranglisten.de im Internet.

Für die Gäste offen einsehbare Küche im Seesteg Restaurant

Restaurants
Am Wasser

Seesteg Restaurant. Regionale Verankerung der Küche kombiniert mit kreativen Gar- und Zubereitungsmethoden im exklusiven Ambiente des Hotels Seesteg. Eine kulinarische Philosophie der Nachhaltigkeit. Damenpfad 36a, (04932) 893600, www.seesteg-norderney.de | **Surfcafé.** Grandiose Lage am Januskopf und eine durch und durch sympathische Atmosphäre. Eines unserer persönlichen Lieblingslokale auf Norderney. Am Januskopf 9, (04932) 935750, www.surfcafe.info | **Weisse Düne.** Hier kommt zusammen, was den „neuen Stil der Insel" ausmacht: eine traditionsreiche Location, ein mutiges frisches Konzept und eine bis ins Detail spürbare Leidenschaft für die Insel. Weisse Düne 1, (04932) 935717, www.weisseduene.com

TAITTINGER
TAITTINGER
CHAMPAGNE
TAITTINGER
Reims
BRUT

Restaurants

Hinterm Deich

Egal wo man wohnt im Norderneyer Stadtgebiet, das nächstgelegene Restaurant ist nicht weit. Hier einige Beispiele für die gastronomische Vielfalt im Zentrum.

Bongiorno's. Sympathische kleine Pizzeria, Gerichte auch zum Mitnehmen. Winterstraße 21, (04932) 82891 | **Da Sergio.** Italienisches Restaurant mit modernem Ambiente, eines der In-Lokale auf der Insel. Damenpfad 12, (04932) 700, www.dasergio-norderney.de | **De Leckerbeck.** Ostfriesische Spezialitäten im Gebäude der ehemaligen Synagoge, auch glutenfreie Angebote für Allergiker. Schmiedestraße 6, (04932) 990753, www.leckerbeck-norderney.de | **kurPalais.** Stilvolle Salonbar und Cafesérie im Conversationshaus Norderney. Am Kurplatz 1, (04932) 934833, www.kurpalais.de | **Landhuis am Denkmal.** Mediterran inspirierte Küche in einer liebevoll restaurierten historischen Seevilla. Friedrichstraße 21, (04932) 93830, www.landhuis-norderney.de | **Leger.** Zentral gelegenes Restaurant, gepflegtes Ambiente. Kirchstraße 5, (04932) 555, www.restaurant-leger.de | **Mai's King Restaurant.** Die Spannbreite hier reicht von Hähnchen mit Pommes bis zu ausgezeichneten Fischgerichten. Jann-Berghaus-Straße 19, (04932) 2743 | **Meierei.** Restaurant am Ortsrand mit frischem Esprit in nostalgischem Ambiente. Lippestraße 24, (04932) 81824, www.meierei-norderney.de | **Old Smuggler.** Familienfreundliches Viertel-Lokal in der Nordhelm-Siedlung. Birkenweg 24, (04932) 3568, www.oldsmuggler-norderney.de | **Osteria Amici.** Niveauvolles Restaurant mit gemütlicher italienischer Atmosphäre. Jann-Berghaus-Straße 4, (04932) 991880 | **Restaurant Lenz.** Gehobene regionale Küche ohne Schnörkel, ein Klassiker seit vielen Jahren. Benekestraße 3, (04932) 2203 | **Tartufulo.** Außergewöhnliche Kreationen aus der Kartoffel, zum Beispiel Kartoffelnudeln. Jann-Berghaus-Straße 55, (04932) 3614

von links oben im Uhrzeigersinn: Gambas im Landhuis am Denkmal, Champagner im N'eys Gourmetrestaurant, Folienkartoffel mit Nordseekrabben in Mai's King Restaurant, Jacobsmuscheln im Restaurant Lenz

SEGELSCHULE

Schiff ahoi

Fähr- und Ausflugsfahrten

Norderney ist eine Insel. Wer nicht fliegt, kommt in der Regel mit der Fähre. Was sich mancher Urlauber viel zu wenig bewusst macht: Jede Überfahrt bedeutet gleichzeitig auch eine kleine Seereise. Also schon jetzt allen Stress vergessen und den Beginn des Urlaubs an Bord genießen.

Einmal angekommen gibt es noch eine weitere Möglichkeit, die Nordsee auf schwankenden Planken zu erleben. Obwohl geographisch eng beieinander, besitzt jede der Ostfriesischen Inseln einen eigenen Charakter. Wer etwas länger auf Norderney Urlaub macht, sollte die Gelegenheit nutzen, einen Tagesausflug zu einer der Nachbarinseln zu unternehmen. Cassen Tours veranstaltet während der Saison regelmäßig Bootsfahrten nach Baltrum, Borkum, Juist, Langeoog und Spiekeroog.

Wir empfehlen besonders die Fahrten entlang der Wattseite von Norderney in Richtung Osten zu den weiter entfernt liegenden Inseln. Auf Langeoog fährt man mit einer bunten Eisenbahn vom Hafen in den Ort und es gibt einen ausgesprochen schönen Strand. Spiekeroog überzeugt durch seinen pittoresken Dorfcharakter. Termine, Auskünfte und Fahrkarten gibt es bei der Reederei Frisia im Haus Schiffahrt oder beim Touren-Treff von Cassen-Tours direkt am Norderneyer Hafen.

Tipp.
Wer sich vor seinem Norderney Urlaub genauer über ein mögliches Ausflugsziel informieren möchte, dem bietet Die Nordsee GmbH im Internet einen ersten Überblick und weiterführende Informationen.

›› **Die Nordsee GmbH**
www.die-nordsee.de

›› **Cassen Tours / Reederei Frisia**
Haus Schiffahrt, Bülowallee 2, (04932) 9131313
www.cassen-tours.de / www.reederei-frisia.de

Menschen

Norderneyer und ihre Geschichten

Auch wer nur als ein Gast die Insel bereist, bekommt einen Eindruck von den Norderneyern. Hinter den Kulissen des fröhlichen Ferienbetriebs wird erkennbar hart gearbeitet. Für uns war schon immer faszinierend, wie häufig sich dabei auf Norderney persönliches Engagement, Mut oder frische Ideen offensichtlich relativ unmittelbar in handfesten Ergebnissen widerspiegeln.

Norderney als eine Insel in Bewegung wird auch greifbar in den Geschichten der Menschen, die hier leben. Da ist zum Beispiel ein Sergio Casto, der seinem italienischen Restaurant am Damenpfad vor einigen Jahren mit Mut zum Risiko einen Stilwechsel um 180° verpasst hat und das „Da Sergio" (www.dasergio-norderney.de) mit diesem Modernitätsschub zu einem der angesagtesten Lokale auf der Insel gemacht hat. Oder Hotelier Karl-Hans Sigges, der nicht nur seit Jahren mit großer Energie den Ausbau seines Strandhotels Georgshöhe (www.georgshoehe.de) betreibt, sondern nebenbei auch mal mit Stammgästen seines Hauses in einem umgebauten Modell „38 Offshore" der amerikanischen Rennbootlegende „Cigarette" die Nordsee durchstreift und für die schnellste Nordseeüberquerung - von Norderney nach Lowestoft in England - 1994 sogar im Guinness-Buch der Rekorde erscheint. Stellvertretend für das Miteinander der Generationen stehen Hermann Kleimann und sein Sohn Michael. Während Hermann Kleimann in seinem authentischen Viertel-Lokal „Old Smuggler" seit Jahrzehnten demonstriert, was Beständigkeit heißt, schafft Sohn Michael im Goode Wind (www.goodewind.de) im Ambiente einer typischen Inselkneipe mit immer neuen frischen Ideen den Spagat zwischen gestern und morgen.

Vier Beispiele - man könnte Hunderte andere nennen - für die Vielfalt der Akteure in diesem Mikrokosmos Insel. Kommen Sie einfach häufiger nach Norderney, und Sie werden nach und nach immer mehr spannenden Inselmenschen begegnen.

»
Old Smuggler
Birkenweg 24, (04932) 3568
www.oldsmuggler-norderney.de

von links oben im Uhrzeigersinn: Michael Kleimann, Karl-Hans Sigges mit Ehefrau Nina Sigges, Hermann Kleimann, Sergio Casto

HOTEL
BISTRO
1896
Cafe
Restaurant
Landhuis
Café • Restaurant

Kindheitserinnerungen

Als das Landhuis noch Pension Irma war

Wir kennen viele Hotels auf der Insel und jedes davon besitzt seine eigenen Vorzüge. Wenn man jedoch in einem bestimmten Haus während der ersten Jahre seines Lebens immer den Sommerurlaub verbringt, entsteht eine besondere Verbindung, die bis heute fortwirkt. Dieses Haus auf Norderney hieß früher Pension Irma und beherbergt heute das Landhuis am Denkmal.

Wer das markante Gebäude in der Friedrichstraße 21 noch von früher kennt und danach eine lange Weile nicht auf der Insel war, wird seinen Augen kaum trauen: Schick war die 1896 erbaute weiße Villa schon immer, aber seit einer vollständigen Renovierung vor einigen Jahren erstrahlt das charmante Hotel und Restaurant wieder als ein absolutes Prunkstück der Insel. Wir wohnen und essen gleichermaßen gerne dort, denn die Zimmer sind ausgesprochen gemütlich und die mediterran inspirierte Küche überrascht immer wieder aufs Neue. Aber am besten, Sie machen sich selbst ein Bild, denn wir sind in diesem Fall ausnahmsweise gnadenlos subjektiv ob der vielen schönen Kindheitserinnerungen.

links: Außenfassade heute
rechts: Ralf Taprogge mit seinem Vater vor der Pension Irma Ende der 1960er Jahre, daneben aktuelle Ansichten

Tipp.
Unter www.ferien-ahoi-norderney.de gibt es ein Video mit Super 8 Aufnahmen aus den frühen 1970er Jahren. Darin ist neben zahlreichen anderen nostalgischen Norderney Aufnahmen auch die frühere Pension Irma zu sehen.

»
Landhuis am Denkmal
Friedrichstraße 21, (04932) 93830
www.landhuis-am-denkmal.de

» **Nordsee-Helikopter**
Knyphausenstraße 2, (0172) 2638128
www.nordsee-helikopter.de

» **Air Hamburg**
Ticket-Hotline (040) 70708890
www.air-hamburg.de

Fliegerei

Insel von oben

Es geht steil in die Höhe. Fahrstuhlfahrt ins 168. Stockwerk. Wir befinden uns im Steigflug über Norderney. Unser erster Flug in einem Hubschrauber. Ein winziger Hauch von Abenteuer. Der Beginn eines Panoramafluges über die Inseln Ostfrieslands.

Nordsee-Helikopter bietet während der Hauptsaison Panoramaflüge über Norderney sowie die angrenzenden Inseln an. Wir haben es ausprobiert und sagen: Es lohnt sich. Neben dem ohnehin schon spannenden Flug in einem Hubschrauber (Erinnerungen an alte Folgen der TV-Serie „Magnum" werden wach :) bietet Norderney aus der Höhe einen fantastischen Anblick. Von oben wird erst so richtig deutlich, wie groß diese Insel ist - und wie verhältnismäßig klein der bebaute Teil im Westen. Beim Flug über dem Wasser parallel zur Promenade sieht man die vielen Veränderungen der vergangenen Jahre noch einmal aus einer neuen Perspektive. Am meisten beeindruckt haben uns jedoch die Weite der Strände und Dünen im Osten der Insel sowie die spektakulären Lichtreflexionen und Farbenspiele der Priele. Vergessen Sie nicht, einen Fotoapparat mitzunehmen - am besten mit einem guten Teleobjektiv.

Tipp.
Wer per Flugzeug an- oder abreisen möchte, für den bietet Air Hamburg einen regelmäßigen Liniendienst ab Hamburg-Uetersen. Weitere Flugmöglichkeiten bestehen über FLN (www.fln-norddeich.de) ab Norddeich oder LFH (www.inselflieger.de) ab Flughafen Harle bei Wittmund.

Hotels

Erste Orientierung

Die Hotellandschaft auf Norderney zeichnet sich durch eine besondere Vielfalt aus, und natürlich gibt es große Unterschiede bezüglich Typus, Stil, Lage und Preisniveau der verschiedenen Häuser. Wir zeigen Beispiele, bieten grobe Orientierung. Schauen Sie aber auf jeden Fall für detaillierte Informationen vor einer Buchung auf die Homepage des Betriebes - oder besser noch: Fordern Sie zusätzlich einen gedruckten Hausprospekt an.

Warum denn die zusätzliche Papierversion - werden Sie jetzt vielleicht fragen? Digitale Informationen - so unverzichtbar sie auch sind - bleiben aus unserer Sicht

Zimmer 6 im Hotel Haus Norderney

stets nur eine flüchtige Berührung der Löschtaste vom Verschwinden entfernt. Wer dagegen etwas druckt, legt sich fest und wird genau überlegen, wie er sich präsentiert - von der Bildsprache bis zur Wahl des Papiers. Wenn Sie gestresst sind und Sie suchen - neben allem Komfort - die Weite, Idylle und Wassernähe - kurz gesagt die maritime Natur einer Insel, dann wird Ihnen die Machart und Gestaltung eines gedruckten Hausprospektes höchstwahrscheinlich etwas Nützliches über den Stil eines Gastgebers verraten.

Tipp.

Einen umfassenden - wenn auch nicht ganz vollständigen - Überblick der Gastgeber auf Norderney bietet das offizielle Gastgeberverzeichnis, erhältlich bei der Touristeninformation im Conversationshaus oder zu bestellen unter www.norderney.de. Zudem empfehlen wir unser halbjährlich auf der Insel erscheinendes ferien.ahoi Norderney Magazin (www.ferien-ahoi-norderney.de)

Hotels

Aufbruch und Innovation

Wie auf der gesamten Insel gab es auf Norderney auch im Bereich der Hotels in den zurückliegenden Jahren spannende Veränderungen. An vielen Stellen wurde und wird weiterhin im großen Stil optimiert, modernisiert und erweitert. Das Strandhotel Georgshöhe zum Beispiel verfügt heute nicht nur über zahlreiche neue Prestige-Zimmer und Suiten sowie ein zusätzliches Gourmet-Restaurant, sondern auch über eine 4.000 Quadratmeter große Spa- und Wellness-Anlage der Extraklasse. Vom Landhuis am Denkmal über die Villa Ney und das Hotel Haus am Meer bis zum vornehmen Strandhotel Pique - überall wurde erkennbar investiert.

Drei Hotels sind in den vergangenen Jahren neu hinzugekommen: das kleine Hotel Paula beim Denkmal, das Hotel Haus Norderney und der Seesteg. Mit dem Hotel Haus Norderney ist in einer denkmalgeschützten Villa von 1927 vis a vis des Kurtheaters ein ausgesprochen geschmackvoll gestaltetes Hotel entstanden, bei dem die Verbindung von historischer Substanz und Modernität gelingt. Ähnliches gilt für das Hotel Restaurant Seesteg, dessen niveauvolle Exklusivität und dezenter Luxus bis ins Detail innerhalb der Regionalität der Insel verwurzelt bleiben. Darüber hinaus laufen auf Norderney seit einigen Jahren auch Planungen für ein neues 5-Sterne-Hotel im Zentrum der Insel beim Conversationshaus. Die Hotellandschaft bleibt in Bewegung.

links: Studio im Seesteg, rechts: Zimmer im Hotel Haus am Meer

Tipp.
Ökologische Aspekte rücken auch auf Norderney in das Bewusstsein vieler Unternehmen. Falls Ihnen dieses Thema wichtig ist, fragen Sie Ihren Gastgeber nach dem Öko-Check des Arbeitskreises zur Förderung des umweltfreundlichen Tourismus auf Norderney (AKUT) sowie nach dessen Gütesiegel, der „Norderneyer Umweltblume".

» **Zimmervermittlung, Staatsbad Norderney**
Am Kurplatz 1, (04932) 891300
www.norderney.de

Hotels

Von A bis N

Hier einige Beispiele für die Vielfalt der Hotels auf Norderney. Informieren Sie sich vor einer Buchung - zum Beispiel per Internet - ausführlicher über Stildetails und Preisniveau der einzelnen Häuser.

Ferienhotel Wuppertal. Barrierefrei wohnen in einem beeindruckenden Gebäude mit integrativem Charakter (Fortbestand bei Drucklegung leider nicht sicher). Marienstraße 18, (04932) 93410, www.ferienhotel-wuppertal.de | **Gästehaus Extra.** Klein und fein, zum Teil mit echten Antiquitäten ausgestattet. Moltkestraße 14, (04932) 92280, www.gaestehaus-extra.de | **Haus Margarete am Meer.** Ein Vorreiter unter den Hotels der Insel beim Thema Öko-Strom. Kaiserstraße 2, (04932) 92800, www.haus-margarete-am-meer.de | **Hotel Haus am Meer.** Stilvolles Haus zwischen Seesteg und Milchbar, das im Rahmen einer unabhängigen Untersuchung im Auftrag des Landes vor einigen Jahren als das service-orientierteste Hotel

Weststrandpanorama des Strandhotels Pique

Niedersachsens ausgezeichnet wurde. Kaiserstraße, (04932) 8930, www.hotel-haus-am-meer.de | **Hotel Haus Norderney.** Ein völlig eigener Stil, puristisches Design in warmen Naturtönen. Janusstraße 6, (04932) 2288, www.hotel-haus-norderney.de | **Hotel Paula.** Familienfreundliches kleines Hotel beim Denkmal. Bismarckstraße 10, (04932) 991123, www.hotelpaula.de | **Jugendherberge Norderney.** 2007 neu eröffnet und für eine Jugendherberge außerordentlich modern. Mühlenstraße 1, (04932) 840900, www.jugendherberge.de | **Landhuis am Denkmal.** Wohlfühlen in einer liebevoll restaurierten historischen Seevilla. Friedrichstraße 21, (04932) 93830, www.landhuis-am-denkmal.de | **Michels Kurhotel Germania.** Teil der Unternehmensgruppe Michels, die auf Norderney unter anderem auch das Michels Kurhotel Norderney sowie die Nordseeklinik Norderney betreibt. Kaiserstraße 1, (04932) 882000, www.kurhotelgermania.de | **Nordstrand-Perle Wellness Apart-Hotel.** Verbindung von Apartmenthaus und Hotel in den „Bremer Häusern" an der Moltkestraße. Moltkestraße 2-5, (04932) 8730, www.nordstrandperle.de

Hotels

Von O bis Z

Seesteg Norderney. Laut Gault Millau 2008 „das eleganteste Hotel Ostfrieslands". Damenpfad 36a, (04932) 893600, www.seesteg-norderney.de | **Strandhotel Georgshöhe.** 4 Sterne Superior und das größte Hotel der Insel mit einer Wellness-Anlage der Superlative. Kaiserstraße 24, (04932) 8980, www.georgshoehe.de | **Strandhotel Pique.** Ein feines Hotel in grandioser Lage am Weststrand. Am Weststrand 3-4, (04932) 93930, www.hotel-pique.de | **Villa Christina.** Sympathisch geführtes Galerie-Hotel mit regelmäßigen Kunstausstellungen. Kreuzstraße 9, (04932) 93560, www.villa-christina-hotel.de | **Villa Ney.** Geräumige Suiten, luxuriöser Komfort und eine in besonderem Maße persönliche Atmosphäre. Gartenstraße 59, (04932) 9170, www.villa-ney.de

links: Suite in der Villa Ney,
rechts: Badelandschaft im Strandhotel Georgshöhe
darunter Ambiente im Gästehaus Extra

Pirateninsel

Augenklappe und Hakenhand

Die echten Seeräuber unserer Tage wirken natürlich alles andere als sympathisch. Spielerisch aber bleibt die Piraterie vor allem für die kleinen Gäste ein großes Thema auf der Insel. Wer im Hochsommer auf Norderney Urlaub macht, kann mit etwas Glück erleben, wie die Freibeuter den Hafen erobern. Mit einem beeindruckenden Show- und Aktionsprogramm - inklusive waschechter Kaperfahrten auf See - haben sich die Norderneyer Piratentage innerhalb weniger Jahre zu einem Publikumsmagneten für Groß und Klein entwickelt.

Das Piraten-Musical um die am Strand von Norderney geborene Figur des Käpt'n Hakenhand wird echte Piraten-Fans mit Sicherheit ebenso begeistern wie die Piratentage. Nach einer umjubelten Premiere im Norderneyer Kurtheater und zahlreichen Folgevorstellungen tourt das Musical seit einiger Zeit auch auf dem Festland und ist natürlich immer mal wieder auf der Insel zu sehen. Die aktuellen Termine erfahren Sie im Internet. Übrigens: Wer eine Live-Vorstellung verpasst, für den gibt es Käpt'n Hakenhand auch auf CD und DVD für zu Hause.

Tipp.
Für ganzjähriges Piratenspielvergnügen bietet der Abenteuerspielplatz am Weststrand mit seinem großen Holzschiff beste Gelegenheit.

links: Ausschnitte aus dem Piraten-Musical Käpt'n Hakenhand
rechts: Zuschauer bei den Piratentagen,

» **Käpt'n Hakenhand**
Das Piraten-Musical
www.hakenhand.de

» **Piratentage Norderney**
Michael Kleimann & Helge Plavenieks
www.piratentage-norderney.de

Immobilien

Beispiele moderner Inselarchitektur

Wann immer auf Norderney umfassende Umbauten anstehen oder komplette Baulücken zu schließen sind, stellt sich die Frage nach einer zeitgemäßen Architektur auf einer Insel wie dieser. Im öffentlichen Sektor zeigen Beispiele wie das Badehaus und das Conversationshaus, dass es möglich ist, historische Substanz und deren Geist stimmig mit modernen Ansätzen zu verbinden.

Auch im Bereich privater Wohnarchitektur sind in den vergangenen Jahren eine Reihe sehenswerter Neubauten entstanden. Ein Teil des so geschaffenen Wohnraums wird als Eigentumswohnungen zum Verkauf angeboten. Wer mit dem Gedanken spielt, Norderney zu seinem (zweiten) zu Hause zu machen, kann seit 2006 zum Beispiel auf die Unterstützung des international tätigen Immobilienunternehmens Engel & Völkers zurückgreifen. Bei der Durchsicht der Immobilienangebote fällt auf, dass sich auch hinter eher unscheinbaren Fassaden immer häufiger zeitgemäß renovierter Wohnraum verbergen kann.

Tipp.
Einige jüngere Beispiele erfrischender Inselarchitektur lassen sich zum Beispiel bei einem Spaziergang am Januskopf und in der Luciusstraße erkunden.

»
Engel & Völkers
Friedrichstraße 17, (04932) 8696860
www.engelvoelkers.de/norderney

»
Aip Lübeck
www.aip-krause.de

Büro Brune
www.brune-architektur.de

Insular Projektentwicklung
www.insular.de

rechts: modernes Wohnhaus in der Luciusstraße

N DERNEY

Auszeit

Just relax

Dieses Buch steckt voller praktischer Tipps und Anregungen für einen noch schöneren Norderney Urlaub. Das ganze Buch? Nein. Denn jetzt kommt eine Auszeit. Keine Aktionen, keine Unternehmungen. Durchatmen. Ausspannen.

Sie sehen hier ein Bild ohne Hintersinn. Ein Foto, das uns einfach nur gut gefällt und kein konkretes Thema illustriert. Wir haben die historische Aufnahme im Norderneyer Archiv der Deutschen Gesellschaft zur Rettung Schiffbrüchiger entdeckt. Das Bild zeigt ein offensichtlich havariertes Segelboot im Norderneyer Hafen. Sympathisch wirkt dabei auf uns die entspannte Haltung der Segler. Das Foto strahlt etwas aus von der Stimmung auf Norderney an besonders heißen Tagen. Dann sind die Straßen des Ortes manchmal wie leer gefegt, denn es zieht jeden, der kann, ans Wasser.

Spätestens wenn man irgendwo am Strand im Schatten liegt und die Augen schließt, hat der Urlaub begonnen. Denn dann geschieht das, was im Alltag immer seltener geht: definitiv einfach mal absolut nix tun.

Kneipen

Bis spät in die Nacht

Darf man im Zeitalter schicker Lounges und Bars ein Lokal überhaupt noch einfach als Kneipe bezeichnen? Wir sagen: Und ob. Denn wie viel langweiliger und weniger abwechslungsreich wäre die Gastroszene ohne die typischen Kneipenlokale und das, was man mit ihnen verbindet: unkomplizierte Treffpunkte für ein bunt gemischtes Publikum - zum Reden und Feiern, stundenlang. Norderney hat davon eine Menge zu bieten, kommen Sie mit, und begleiten Sie uns auf einem Streifzug durch die Nacht.

Das Goode Wind in der Gartenstraße (www.goodewind.de) schafft den Spagat zwischen authentischer Inselkneipe und Cocktailbar - und besitzt zudem das lässigste Logo der Insel ;) Ein Klassiker der Norderneyer Kneipenszene mit Namen Möpken (www.moepken.de) befindet sich in der Poststraße, genau die richtige Adresse, für alle die gerne Billard, Dart oder Kicker spielen. Etwas gestylter und in warmes Licht getaucht kommt das Orange (www.orange-norderney.de) daher, direkt neben dem Möpken. Ein paar Schritte weiter in der Wedelstraße liegt das Cinema (www.cinema-norderney.de), eine Premiere Sportsbar und für uns der bevorzugte Ort, um auf Norderney Fußball zu gucken. Die Haifischbar in der Osterstraße (www.haifischbar-norderney.de) und der Windjammer in der Kirchstraße wetteifern um das inseligste Ambiente aller Kneipen. Schwer zu entscheiden, maritim gestaltet sind beide - der Wettstreit endet unentschieden. Ein paar persönliche Pluspunkte bekommt allerdings der Windjammer, wir mögen einfach zu gerne Guinness und Ale.

links: Haifischbar
rechts: Orange, daneben Ina Müller zu Gast bei Michael Kleimann im Goode Wind

» **Windjammer**
Kirchstraße 1, (04932) 2616
www.pogos-pub.de

Dorfidylle

Spuren der Vergangenheit

Das Tolle an Norderney sind die vielen Gesichter, von denen sich manche erst auf den zweiten Blick erschließen. Der Ortskern verströmt vor allem Modernität und die Lebendigkeit eines in jahrhundertelanger Seebadtradition gewachsenen Städtchens. Dass Norderney, bevor der Tourismus kam, lange ein Fischerdorf war, wird heute manchmal vergessen. Doch die Spuren dörflicher Idylle sind noch immer leicht zu entdecken.

Besonders markant wirkt der Kontrast zwischen gestern und heute am oberen Ende der Tollestraße. Da steht zwischen deutlich höheren Bauten ein winziges Häuschen als Relikt einer vergangenen Zeit. Fast durchgängig an ursprüngliche dörfliche Strukturen erinnern kleine Gassen mitten im Zentrum wie die Seilerstraße. Das älteste bebaute Gebiet der Insel liegt im Bereich Oster- und Langestraße, hier befindet sich auch ein vor 1816 erbautes Haus mit dem schönen Namen „Höhe 13“. Alle genannten Beispiele sind bei einem gemütlichen Spaziergang bequem zu Fuß zu erreichen.

Tipp.
Besuchen Sie doch einmal das Heimatmuseum der Insel in einem alten Fischerhaus im Argonnerwäldchen, nahe dem Weststrand, und erfahren Sie mehr über die Lebenweise der Insulaner in früheren Zeiten.

links: Haus in der Tollestraße, rechts: „Höhe 13“

» **Fischerhaus-Museum**
Weststrandstraße 1, (04932) 82503
www.heimatverein-norderney.de

Kinderspiel

Drinnen und draußen

Wenn Sie Kinder haben, wissen Sie aus eigener Erfahrung: Urlaub mit den lieben Kleinen stellt veränderte Anforderungen an das Ferienziel - und je jünger die Kinder, desto spezieller die Bedürfnisse. Wir haben Norderney als ausgesprochen kinderfreundlich erlebt und verraten gerne, warum.

Bei gutem Wetter ist ohnehin alles paletti. Der Strand wird zum Spielparadies, besonders attraktiv: der Abenteuerspielplatz am Weststrand. Passendes Spielzeug und gute Beratung zum Thema Drachensteigen gibt es im Drachenladen Windgeflüster in der Kirchstraße (www.drachenladen-windgefluester.de). Einige Spielplätze abseits der Strände befinden sich am Kap, an der Südhoffstraße, Up Süderdün sowie an der Jann-Berghaus-Straße bei der Grundschule. Weitere typische Schönwetteraktionen: Wattführungen für Kinder, Ausflugsfahrten zu den Seehundbänken, Leuchtturm besteigen oder Radtouren Richtung Inselosten.

Auch wenn das Wetter mal nicht so mitspielt, bietet die Insel reichlich Attraktionen für drinnen - vom Kinder-Spielhaus „Kleine Robbe“ über den Spaßbad-Bereich mit Wellenbad im Badehaus am Kurplatz bis zu auch für Kinder spannenden Ausstellungen im Nationalparkhaus am Hafen oder im Bademuseum am Weststrand. Besonders empfehlen können wir zudem das Puppentheater Purzelbaum. Fragen Sie bei der Touristeninformation nach weiteren aktuellen Veranstaltungen für Kinder. Übrigens: Auch viele Restaurants auf der Insel bieten attraktive Spielmöglichkeiten. Besonders gut gefällt unseren Kindern der kleine Spielraum bei Da Sergio am Damenpfad.

» **Puppentheater Purzelbaum**
Schmiedestraße 1a, (04932) 9345826
www.puppentheater-purzelbaum.de

» **Kinder-Spielhaus „Kleine Robbe“**
Am Weststrand 11, (04932) 935495
www.norderney.de

Tipp.
Für Säuglinge und Kleinkinder gibt es im Weisse Düne Restaurant am Oststrand einen vorbildlichen Wickeltisch, der - Väter aufgepasst - nicht (!) wie oft üblich in der Damentoilette, sondern in einem eigenen Raum am anderen Ende des Lokals untergebracht ist. Dickes Lob.

Carpe Noctem

2 cl Licor 43
2 cl Waldmeistersirup
1 cl Calvados
1 cl Maracujanektar
1 cl frische Sahne

Die mintgrüne Mischung in einer Cocktailschale servieren und mit Apfelscheiben dekorieren. Lecker.

Cocktails

Auf die Mischung kommt es an

Ob mit oder ohne Alkohol - Cocktails werden immer beliebter. Zumindest die bekannteren Vertreter der bunten Mischgetränke sind in unzähligen Norderneyer Lokalen erhältlich. Top-Qualität und vor allem größere Auswahl bieten einige Cocktailbars.

Das Goode Wind in der Gartenstraße wirkt auf den ersten Blick wie eine typische Inselkneipe. Weder Lounge noch Hip-Lokal, kein unnützes Gedöns. Stattdessen authentisch - ein Ort, wo sich die Älteren so wohlfühlen wie die Jungen, die Norderneyer genauso wie die Gäste. Erst auf den zweiten Blick wird klar: Dies ist auch eine ziemlich lässige Cocktailbar. Inhaber Michael Kleimann war sogar niedersächsischer Landesmeister der Deutschen Barkeeper Union. „Carpe Noctem" heißt der Meister-Drink. Unbedingt probieren.

Grandiose Cocktails und ein besonders breites Sortiment an Premium-Spirituosen gibt es auch in der Cocktailschmiede. Allein knapp 30 verschiedene Sorten Whisky stehen zur Auswahl, darunter so erlesene Raritäten wie der Johnny Walker blue Label. Wer sich als Erwachsener zu einem besonderen Anlass oder in einer passenden Stimmung ein außergewöhnliches Getränk gönnen möchte, dem empfehlen wir einen Hennessy X.O. Cognac oder einen 15 Jahre alten Havana Club Rum.

links: Meister-Cocktail von Michael Kleimann im Goode Wind
rechts: Single Malt Scotch Whisky in der Cocktailschmiede, daneben Goode Wind Außenfassade

Tipp.
Ein Cocktail mit Meerblick bei Sonnenuntergang zählt zu den Attraktionen der Milchbar Norderney am Damenpfad.

» **Die Cocktailschmiede**
Schmiedestraße 8, (04932) 935410
www.cocktailschmiede.de

» **Goode Wind**
Gartenstraße 58a, (04932) 3262
www.goodewind.de

Sommer

Herbst, Winter und Frühling

Die meisten Gäste kommen im Sommer nach Norderney. Kein Wunder: Hauptsaison, Ferien, Reisezeit. Jetzt können viele und viele können nur jetzt. Es wird voll auf der Insel. Nordseeurlaub, so wie man ihn sich vorstellt. Aber auch jede andere Jahreszeit hat ihre eigenen Reize. Wir haben es mittlerweile hinbekommen, in jedem Monat mal auf der Insel gewesen zu sein. Und ganz ehrlich - wer immer nur im Sommer reist, der verpasst etwas.

Der Januar ist vielleicht der ruhigste Monat. Wer Stille sucht, findet sie jetzt. Im Februar, so sagen uns Norderneyer, ist die Luft oft besonders klar und die Tage werden länger. Im März erwacht die Insel zu neuem Leben, der Frühling kündigt sich an. Um Ostern ein echter Saisonhöhepunkt, der April kommt und die ersten warmen Tage. Der Mai wird seinem Ruf als Wonnemonat gerecht und verzeichnet die meisten Sonnenstunden des Jahres. Im Juni die sommerliche Ruhe vor dem Sturm der Hauptsaison - mit einigen tollen Veranstaltungen. Über Juli und August muss man nichts sagen, da weiß wohl jeder Bescheid. Im September gibt es ein besonders volles Programm und irgendwie ist immer noch Sommer. Erst im Oktober spürt man den Herbst, es ist was los in jeder Hinsicht. Der November gilt gemeinhin als grau. Stimmt wohl auch, aber das hat am Meer eine faszinierende Wirkung - auch in den Kontrasten zwischen drinnen und draußen. Der Dezember schließlich: Vorweihnachtszeit, dann die Feiertage - eine besondere Atmosphäre.

Wir gestehen: Wenn Sie noch nie auf Norderney waren, möchten wir Sie motivieren, diese Insel zu entdecken. Und wenn Sie schon da waren, nennen wir Ihnen jede Menge Gründe, warum es sich lohnt zurückzukehren. Jedem Stammgast aber raten wir: Machen Sie es wie wir, kommen Sie nicht immer nur zur gleichen Jahreszeit, sondern erleben Sie die Vielfalt der Insel zwischen Januar und Dezember in sämtlichen Variationen.

446
426
356
360
430
357

links: Tim Lobinger beim „Insel Springen“, rechts: Party beim „White Sands Festival“

Events

Immer was los

Vom traditionellen Anbaden bei oft eisigen Temperaturen am Neujahrstag bis zu den Silvester-Partys (zum Beispiel in der Milchbar am Damenpfad) ist auf Norderney das ganze Jahr über eine Menge los. Größere Events finden vor allem im zentralen Conversationshaus, im Kurtheater oder Open Air statt. Für kleinere Veranstaltungen bieten je nach Anlass auch diverse Lokale wie zum Beispiel das Goode Wind einen passenden Rahmen. Die Veranstaltungsdichte liegt natürlich im Sommer und während der übrigen Ferienzeiten besonders hoch. Geboten wird so ziemlich alles von Konzerten über Theatergastspiele, zunehmend mehr Lesungen, viel Comedy und Kabarett bis zu mehrtägigen Veranstaltungen wie dem Internationalen Filmfest Emden Norderney.

» KEM - König Event Marketing
www.koenig-events.de

Der größte Event des Jahres findet zu Pfingsten statt. Es wird voll auf der Insel, wenn beim „White Sands Festival“ Tausende Trendsport-Begeisterte auf die Insel strömen, um Beach Volleyball und Windsurfen der Extraklasse, aber auch die begleitenden Event-Parties und Konzerte zu erleben. Übrigens: Die White Sands Organisatoren veranstalten alljährlich noch eine Reihe weiterer Events auf Norderney, darunter ein „Insel Springen“ auf dem Kurplatz mit Top-Athleten im Stabhochsprung der Männer.

Tipp.
Informieren Sie sich online unter www.norderney.de über das aktuelle Inselprogramm oder nutzen Sie die bei der Touristeninformation im Conversationshaus erhältlichen Veranstaltungsinformationen.

MAUI

MAUI

Pilates

Entdecke Dein „Powerhouse“

Nicht zuletzt Prominente wie Pop-Ikone Madonna haben Pilates in den vergangenen Jahren einer breiten Öffentlichkeit bekannt gemacht. Pilates ist „in“ - auch auf der Insel.

Bei dem von Joseph Hubert Pilates (1880-1967) während einer Internierung im 1. Weltkrieg erfundenen Sport handelt es sich um eine ganzheitliche Trainingsmethode zur Kräftigung und Dehnung des Körpers. Ein Eckpfeiler professionellen Pilates-Trainings ist die Aktivierung des so genannten „Powerhouse“, womit die in der Körpermitte liegende Muskulatur rund um die Wirbelsäule gemeint ist. Zahlreiche Übungen mit und ohne Geräte zielen auf eine Stärkung der Kernmuskulatur, die Verbesserung von Atmung und gleichzeitiger Bewegungskoordination, eine bessere Körperhaltung, die Anregung des Kreislaufs sowie ein gesteigertes Körperbewusstsein. Vom Sportmuffel bis zum Fitness-Freak: Pilates ist eine sanfte Trainingsmethode die auf jedem Level und in jedem Alter betrieben werden kann.

Urlauber, die den trendigen Fitness-Sport immer schon einmal unverbindlich ausprobieren wollten, haben dazu auf Norderney beste Gelegenheit. Denn mit Silke Peters und Kathrin Tjaden bieten gleich zwei vom Deutschen Pilates Verband e.V. (www.pilates-verband.de) zertifizierte Trainerinnen professionelle Kurse und Schnupperstunden an. Am besten schon vor der Anreise mal anrufen und nach Terminen und freien Plätzen fragen.

Übrigens: Wer statt Pilates eher Step-Aerobic oder klassisches Gerätetraining bevorzugt, dem sei alternativ das Fitness-Ressort im Strandhotel Georgshöhe empfohlen. Das Kurs- und Studioangebot steht wie der gesamte Wellness- und Spa-Bereich des Hotels gegen entsprechendes Entgelt auch externen Gästen offen.

Tipp.
Pilates Kurse werden von einigen Versicherungen als Präventivmaßnahme kräftig bezuschusst. Wenn Sie nach ersten Schnupperstunden im Urlaub das Training zu Hause fortsetzen wollen, erkundigen Sie sich einfach bei Ihrer Krankenkasse.

Pilates Trainerin Silke Peters

» **Pilates Silke Peters**
Am Kurplatz 2, (04932) 990638 oder (0172) 8742659
www.peterspilates.de

» **meerpilates Kathrin Tjaden**
An der Mühle 2, (04932) 514 oder (0172) 8039913
www.meerpilates.de

Sardines en Chocolat au Lait
Milk Chocolate Sardines
Net Wt 2.65 oz

Naschereien

Sweets for my sweet

Süßigkeiten mag wohl jeder, und vieles, was man selber gerne isst, eignet sich auch prima zum Verschenken. Vor vielen Jahren waren diese aus Nougatschokolade geformten Muscheln auf der Insel ein Renner. Die schmecken noch immer, aber es gibt so viel Neues zu entdecken. Zum Beispiel im Norderneyer Zuckerhuus in der Strandstraße, wo zwischen Zuckerstangen und Lebkuchenherzen mit Norderney-Bezug fast so etwas wie inselige Jahrmarktatmosphäre entsteht. Ein schier überwältigendes Sortiment an süßen Naschereien bietet seit langem Spezialitäten Solaro in der Friedrichstraße. Wie oft haben wir dort schon die eine oder andere Kleinigkeit probiert - und Meersalzschokolade, Schokofische, Seehundtrüffel oder die gebrochene Frischschokolade mit Kirschgeschmack sind beileibe nicht die einzigen Leckereien, die uns dabei besonders in Erinnerung geblieben sind.

Direkt neben Solaro dreht sich seit einiger Zeit alles um das Thema Sanddorn. Vermutlich erstens, weil es lecker ist, zweitens sehr gesund und drittens weil es unglaublich viele spannende und überraschende Produkte mit der an der Nordsee beheimateten Beere gibt. Neben Konfitüren, Schokoladen und jeder Menge anderen - nicht nur süßen - Sanddorn-Spezialitäten begeistert uns im Norderneyer Sanddorn-Stübchen vor allem auch der Sirup, ideal zum Einrühren in Joghurt und Milchreis.

Tipp.

Keine Süßigkeit im klassischen Sinn aber doch ein besonderer Genuss: Probieren Sie mal den Sanddorn-Grappa aus dem Norderneyer Sanddorn-Stübchen, nach eigener Rezeptur selbst vor Ort produziert.

» **Spezialitäten Solaro**
Friedrichstraße 27, (04932) 2194
www.solaro.de

MANIHIKI
Nina Campbell

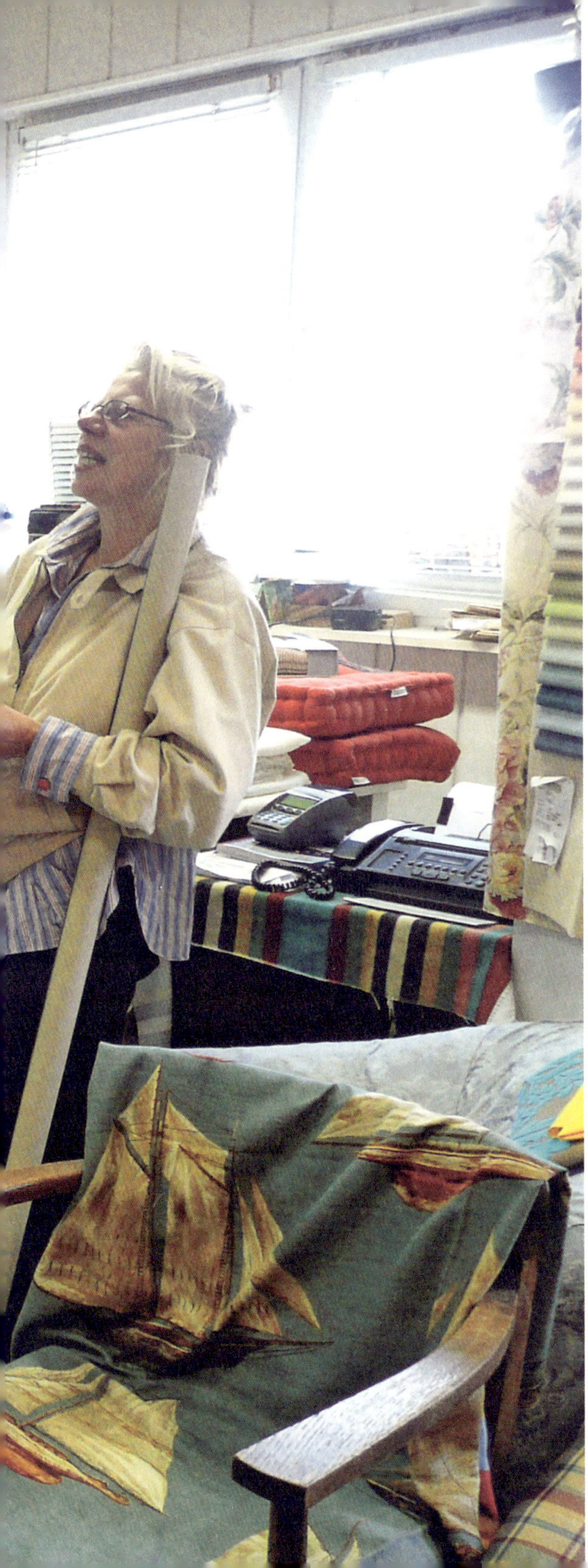

Geheimtipps
Versteckt gelegen

Auf einer Insel wie Norderney von überschaubarer Größe bleiben Tipps selten wirklich geheim. Alles spricht sich irgendwann herum. Und doch gibt es einige etwas versteckt gelegene Attraktionen, die der Urlauber nicht so einfach entdeckt. In Yusuf's Fischstube im Gewerbegelände zum Beispiel kann man während der Saison bestens Fisch einkaufen. Ganz in der Nähe überrascht ein kleines Geschäft im Hafen mit kreativem Ambiente. Gudrun Lauenstein bietet hier in den Räumlichkeiten einer ehemaligen Werft ein beeindruckendes Sortiment an Stoffen in Maßen - darunter viele exklusive Marken und ausgefallene Designs. Der offene Werkstatt-Charakter des Ladens sowie die sympathische Ausstrahlung der charismatischen Inhaberin sind für sich allein genommen bereits einen Abstecher wert.

»
Stoffe in Maßen - Gudrun Lauenstein
Am Hafen 8, (04932) 81522

Yusuf's Fischstube
Im Gewerbegelände 28, (04932) 3773

SEESTEG

kurPalais

von links oben im Uhrzeigersinn: Kuchen im Seesteg, Pfannkuchen in der Meierei, Ambiente im kurPalais, alternativ ein Kaffee im Strandkorb

Konditorn

Kaffee und Kuchen

„Konditorn gehen" - nicht nur eine schicke Vokabel, sondern auch eine feine Sache. Fast alle Norderneyer Lokale, die am Nachmittag öffnen, bieten in irgendeiner Form Kaffee und Kuchen - oder wahlweise einen leckeren Tee. Wer es bequem mag, der bleibt im Zentrum. Ansonsten: Wie wäre es mit einem Ausflug? Ein mögliches Ziel für den Kaffeeklatsch bietet das Café Restaurant am Flugplatz. Da kann man, während man Kuchen isst, den Fliegern beim Starten und Landen zuschauen - die Kinder werden sich freuen. Ob Flugplatz, Leuchtturm oder Oase, ob Weisse Düne oder sonstwo im Osten - ein idealer Zwischenstop für eine Kaffeepause liegt bei der Meierei. Probieren Sie doch einmal eine süße Spezialität des Hauses: Pfannkuchen mit heißen Pflaumen, Vanilleeis und Sahne.

Im Osten der Insel bleibt das Angebot überschaubar. In der Innenstadt dagegen stellt sich schnell die Frage: „Wohin sollen wir gehen?" Wir zum Beispiel schätzen den hausgemachten Käsekuchen im Landhuis am Denkmal oder die feine Atmosphäre im Strandhotel Pique. Das besondere Ambiente des Conversationshauses erlebt man im kurPalais und auch sonst ist bei den Angeboten rund um den Kurplatz in Sachen Konditorei für jeden etwas dabei. Zwischen Weststrand und Milchbar liegt die Marienhöhe - mit grandiosem Ausblick und eigenwillig altmodischem Charakter. Ausgesprochen angenehm gleich daneben ein Nachmittagstee mit hausgebackenem Kuchen in der Lounge oder auf der Terrasse des Seestegs. Aber je nachdem wie wild die Kinder gerade so sind, gibt es auch Kuchen vom Bäcker - zum Beispiel aus der traditionsreichen Bäckerei Jacobs in der Strandstraße. Und dann wird der Kaffeeklatsch einfach an den Strand verlegt - gelegentlich durchaus eine prima Alternative.

›› **Meierei**
Lippestraße 24, (04932) 81824
www.meierei-norderney.de

von links: Fiete Anders, Dora (Heldt) mit Papa, Sandra Lüpkes

Ohne Zweifel besitzt eine Lektüre für viele Reisende immer dann besonderen Charme, wenn die Handlung am Urlaubsort oder in der unmittelbaren Umgebung spielt. So gesehen bietet sich kaum eine bessere Gelegenheit, zum Buch zu greifen, als im Urlaub auf Norderney.

Erskine Childers „Das Rätsel der Sandbank" schildert ein Segelabenteuer im Ostfriesischen Wattenmeer und gilt als der erste Spionageroman der Weltliteratur. Etwas leichter: Dora Heldts heiterer Norderney-Bestseller „Urlaub mit Papa". Auch Krimi-Fans kommen auf ihre Kosten, Lokalkolorit liegt im Trend. In Jürgen Kehrers Thriller „Fürchte Dich nicht!" nimmt das Unheil von Norderney aus seinen Lauf und auch Sandra Lüpkes Frühwerk „Der Brombeerpirat" spielt auf der Insel. Besonders empfehlen wir Miriam Kochs Geschichte um das gestreifte Schaf „Fiete Anders" - leise Poesie in Bildern und nicht nur ein Buch für Kinder.

Tipp.
Vielleicht liegt es am gewachsenen Erfolg der Hörbücher und der damit verbundenen Freude an gesprochener Literatur, wenn Autorenlesungen immer häufiger die Grenzen reinen Vorlesens überschreiten und zuweilen den Charakter umjubelter Events annehmen. Der „Weisse Saal" im Conversationshaus, aber auch der frische Stil vieler gastronomischer Angebote auf der Insel bieten den passenden Rahmen für moderne Leseveranstaltungen. Erkundigen Sie sich im Buchhandel oder bei der Touristeninformation, welche Autoren als nächstes zu Gast sind - und gehen Sie einfach mal hin.

» **Bücher Lübben**
Strandstraße 5, (04932) 927377
www.buecherluebben.de

» **Buch Eilts**
Jann-Berghaus-Straße 76, (04932) 869651
www.buch-eilts.de

Fundstücke

Alles für zu Hause

Bei der Suche nach Erinnerungsstücken für sich selbst oder kleinen Geschenken für die Daheimgebliebenen wird der Urlauber auf Norderney problemlos fündig. Ob gnadenlos kitschig oder exklusiv stilvoll - viele der angebotenen Accessoires haben - wie sollte es anders sein - einen inselig maritimen Charakter. Wenn man die Dinge dann aus dem Laden herausträgt und im passenden Ambiente auf der Insel platziert, erkennt man oft erst die Fantasie der Händler. Ob „Salt & Pepper Lovers" im Strandkorb oder „Altöl" im Hafen (ein im Getränkeshop am Denkmal in der Friedrichstraße erhältliches Norderneyer Kult-Getränk auf Wodka-Basis) - Objekt und Umgebung passen oft wie „Topf auf Deckel" zusammen.

Besonders hervorzuheben ist die Zusammenarbeit der Wurst & Schinken Manufaktur von Birgit und Harald Deckena mit Ole West. Der bis 2008 auf Norderney lebende Maler war lange eines der Aushängeschilder der Insel. Doch auch nach dem Umzug gen Wedel bleibt Ole West mit seinen typischen Motiven auf Norderney allgegenwärtig. Als Ergebnis der Zusammenarbeit mit Birgit und Harald Deckena sind bislang unter anderem zwei erfolgreiche Kochbücher entstanden und eine hochwertige Porzellan Edition.

» **Namuth Floral Maritim**
Poststraße 2, (04932) 424
www.namuth-norderney.de

» **Wurst & Schinken Manufaktur Deckena**
Friedrichstraße 16, (04932) 91120
www.inselmanufaktur.de

Kunst

Galerien und Ausstellungsorte

Kunst in unterschiedlichen Facetten begegnet dem Urlauber auf Norderney an zahlreichen Orten. Das Spektrum reicht von Ausstellungen in der Orangerie des Conversationshauses oder im Bademuseum am Weststrand über Kunst im öffentlichen Raum - wie die Skulptur des Künstlers Anders Nyborg hinter dem Basargebäude am Kurplatz - bis zu einzelnen Hotels und Ferienwohnungsangeboten wie den Appartementhäusern Wessels, die mit zahlreichen Originalkunstwerken ausgestattet sind. Besonders hervorzuheben unter den Ausstellungsorten der Insel sind das Galerie-Hotel Villa Christina sowie das Atelier in der Schmiede mit den Arbeiten des Norderneyer Künstlers Claus-Ulrich Ipsen.

Das Galerie-Hotel Villa Christina hat sich binnen weniger Jahre zu einem offenen Geheimtipp innerhalb der Norderneyer Kunstszene entwickelt. Barbara und Gottfried P. Alex bieten in ihrem Hotel während der Saison noch wenig bekannten Künstlern einen attraktiven Ausstellungsrahmen und dem kunstinteressierten Publikum eine Möglichkeit, gleichermaßen interessante wie bezahlbare Kunst anzuschauen und zu erwerben. - Claus-Ulrich Ipsen, dessen kraftvolle und häufig archaisch anmutende Arbeiten auf Norderney auch in großer Zahl im Badehaus zu sehen sind, macht nicht viele Worte um seine Kunst. Dem schließen wir uns an. Nur so viel: Das Atelier in der Schmiede zählt zu den beeindruckendsten Orten, die wir auf Norderney kennengelernt haben. Unbedingt mal hingehen.

» **Atelier in der Schmiede - Ipsen Design**
Langestraße 30, (04932) 81932
www.atelier-schmiede.de

links: Atelier in der Schmiede
rechts: Claus-Ulrich Ipsen, daneben die „Könige" aus dem Galerie-Hotel Villa Christina

» **Villa Christina**
Kreuzstraße 9, (04932) 93560
www.villa-christina-hotel.de

Shopping

Ein kleines Einkaufsparadies

Auf wenigen Quadratkilometern erwartet Sie auf Norderney ein spannendes Warenangebot, darunter mitunter trendige Marken, die selbst in Metropolen nicht immer leicht zu bekommen sind. Friedrichstraße, Poststraße, Jann-Berghaus-Straße, Strandstraße - die meisten Läden liegen dicht nebeneinander entlang der Hauptadern des Ortes sowie in den Seitengassen dazwischen. Wir laden Sie ein zu einem kleinen Einkaufsbummel durch die Innenstadt und zeigen Beispiele für die Vielfalt des Angebots.

Wir starten am oberen Ende der Strandstraße bei Strandrausch, einer der Top-Adressen in Sachen Mode auf der Insel mit netter Atmosphäre und außergewöhnlichem Ambiente. Direkt nebenan: exklusive Schmuckstücke mit Farbedelsteinen bei Juwelier Hahn. An der Ecke zur Luisenstraße bedient Surf + Fashion ein jüngeres und jung gebliebenes Publikum. Ein paar Schritte weiter bei Deckena im jüngst aufgefrischten Ladenambiente ein leckeres gebratenes Putenschnitzel - zur Stärkung auf die Hand. Bei August Solaro eine Weile gestöbert, dann kurz rüber zum Gaastra Store und weiter zum Kurplatz ins Conversationshaus - 1837 Norderney lockt mit feinem Interieur und stilvollen Accessoires. Unweit der Poststraße in der Langestraße betreibt Peter Huber einen der spannendsten Läden auf der Insel, ein Paradies für alle, die sich für Uhren oder Antiquitäten begeistern. Wer dann wissen möchte, wie ein modernes Schuhgeschäft aussehen kann, geht zu Pomp im Gebäude der ehemaligen Kaiserlichen Post. Zwischendurch ein Strauß frische Blumen bei Namuth besorgt, dann weiter die Poststraße entlang zu many a man und Quadro, zwei weiteren Highlights in Sachen Mode. In der Friedrichstraße geht es dann Schlag auf Schlag: über Strand, Luttmann, Götting und die Inselmanufaktur von Deckena bis zum Getränkeshop - allesamt einen Abstecher wert. Bei Hein & Hutsie am Denkmal gibt es nicht nur funktionale Bekleidung, sondern auch schicke Mode. Wir beschließen unseren Bummel in der Jann-Berghaus-Straße. Schauen bei Holtmann vorbei, wo es die typischen Seemannsohrringe gibt, die auf Norderney manche Männer tragen. Dann zu Strandhaus Kids und noch ein Geschenk für die Kinder besorgt. Und fertig.

Tipp.
Einen vollständigen Überblick der Norderneyer Einkaufswelt mit allen Adressen, Marken sowie den aktuellen Trends der Saison liefert Ihnen unser halbjährlich erscheinendes ferien.ahoi Norderney Magazin, erhältlich zum Beispiel bei Bücher Lübben in der Strandstraße.

von links oben im Uhrzeigersinn: exklusive Jeans bei Strandrausch, hauseigene Produktion der Wurst & Schinkenmanufaktur Deckena, Helga Lübben bei Bücher Lübben, feine Weine aus dem Getränkeshop am Denkmal

Klütje mit Birnen und Sirupsoße.

Dieses Gericht ist ein altes norddeutsches Essen. Wer gern zum Mittag mal etwas Süßes essen möchte, ist damit gut bedient.

Mehl in eine Schüssel geben 800 - 1000gr. Eine kleine Kuhle machen, 1 Würfel Frischhefe (42gr.) hineinbröckeln, darüber 2 Teel. Zucker streuen, 3 Eßl. lauwarme Milch dazu, etwas verrühren. Etwas Mehl darüber stäuben und mit einem Tuch abdecken. An einen warmen Ort stellen und 15-20 Min. gehen lassen. 1 Ei, 50gr. Butter etwas Salz danach dazu. Mit Milch $\frac{1}{8}$ - $\frac{1}{4}$ ltr und mit den Knethaken des Mixers tüchtig bearbeiten, bis sich die Masse vom Schüsselrand löst. Tuch drüber, wieder an den warmen Ort stellen und eine Std. gehen lassen. In der Zwischenzeit Birnen schälen, vierteln, etwas Zucker, 1 Stück Zimtstange und mit Wasser aufsetzen. Die Birnen müssen mit Wasser bedeckt sein.

Auf die heissen kochenden Birnen den gut aufgegangenen Hefekloß geben und 1 Stunde kochen lassen. Den Sirup in einen kleinen Topf geben ein großes Stück Butter dazu. Einmal aufkochen lassen. Warm zu dem Klütje mit den Birnen essen.

Guten Appetit!

links: von Margarete Sambale notiertes Klütje Rezept
rechts: fertiger Klütje, daneben deftige Dicke Bohnen im De Leckerbeck

Friesenküche

Deftig und lecker

Wer denkt, dass traditionelle ostfriesische Kochkunst heutzutage bestenfalls noch als eine Art „Showkochen“ für Touristen stattfindet, der irrt gewaltig. Auch im Alltagsleben vieler Norderneyer sind die bodenständigen Spezialitäten nach wie vor gegenwärtig. So wie kürzlich, auf einer Familienfeier, bei der die Tante ihrem Neffen wie jedes Jahr zum Geburtstag sein Leibgericht zubereitet: Klütje mit Birnen und Sirupsoße. Auch wir durften kosten und können nur sagen: unglaublich lecker. Nochmals herzlichen Dank an Margarete Sambale und ihre Familie für die Gastfreundschaft. Und für das liebevoll aufgeschriebene Rezept.

24 weitere regionaltypische Gerichte haben Birgit und Harald Deckena in einem geschmackvoll von Ole West gestalteten Kochbuch zusammengetragen. Vom ostfriesischen Snirtjebraa über Wuddels Dörstampt bis zum Updrögt Bohnen-Eintopf finden sich jede Menge originelle Ideen zum Nachkochen. Der Titel „Mahlzeit - Malzeit. Rezepte aus Norddeutschland“ ist im Buchhandel sowie in der Wurst & Schinken Manufaktur Deckena (www.inselmanufaktur.de) in der Friedrichstraße erhältlich.

Tipp.
Wer die Friesenküche statt selbst zu kochen lieber als Gast erleben möchte, dem sei ein Besuch in dem für seine regionalen Spezialitäten bekannten Restaurant De Leckerbeck empfohlen.

» **De Leckerbeck**
Schmiedestraße 6, (04932) 990753
www.leckerbeck.de

Kreativsein

Malen, Schreiben, Buddeln im Sand

Natürlich kann man auch am Strand im Sand kreative Sachen machen. Aber das ist wohl eher etwas für die Kinder. Wer dagegen immer schon mal mit allem Drum und Dran etwas Eigenes auf die Leinwand oder zu Papier bringen wollte und bislang einfach nicht die Zeit, die Muße oder den rechten Antrieb dazu hatte, dem bieten sich auf Norderney spannende Möglichkeiten, die eigene Kreativität zu entfalten. Denn es ist Urlaub - und wenn nicht jetzt, wann denn dann?

Annette Krumme zum Beispiel leitet nicht nur die Bibliothek im Conversationshaus, sondern veranstaltet über ihr Atelier Norderney auch Kreativkurse für Anfänger und Fortgeschrittene. Das Angebot reicht von Acryl- und Ölmalerei über Aquarell und Pastell bis zum Manga-Zeichnen. Anleitung, Hilfestellung oder einfach nur der kreative Austausch richten sich dabei nach den persönlichen Anforderungen der Teilnehmer.

Eine andere kreative Beschäftigung findet regelmäßig im Conversationshaus statt. Bei Tee oder Kaffee trifft man sich in der Orangerie des historischen Gebäudes, um in entspannter Atmosphäre kreativ zu schreiben. Seit dem Herbst 2008 bietet Ina Frings in der Caféserie kurPalais Kurse zum Mitschreiben an, um das Schreiben in entspannter Atmosphäre neu zu entdecken, zu entwickeln und zu kultivieren. Einfach mal anrufen und nach den nächsten Terminen fragen.

Tipp.
Ina Frings schreibt auch im Internet - ein Norderney Tagebuch, einen so genannten Blog (www.norderney-tagebuch.de). Darin gewährt sie dem Leser interessante Einsichten in den Alltag einer Zugereisten auf Norderney. Vor allem aber nimmt sie uns mit auf ihre Spaziergänge und Wanderungen im Osten der Insel - illustriert mit vielen tollen Fotos.

›› **Atelier Norderney**
Winterstraße 9, (04932) 935053
www.atelier-norderney.de

›› **Ina Frings - Schreiben und Fotografieren**
(04932) 934520 oder (01577) 5179707
www.ina-frings.de

WEISS
Tommy

MILCHBAR
NORDERNEY
ROT
2006
Rotwein cuvé
trocken

Terrassen

Draußen sitzen

Manchmal schon erste heiße Tage im April, Sonnenschein bis in den Spätherbst und regelmäßig prima Klima in der Zeit dazwischen: Sobald es wärmer wird auf der Insel, verwandeln sich die Vorplätze und Terrassen der Norderneyer Bars und Restaurants zu lebendigen Treffpunkten. Die unmittelbar am Wasser gelegenen Lokale besitzen einen kleinen strategischen Vorteil: den Meerblick. In der Innenstadt kann man dafür gut „Leute gucken", zum Beispiel auf den Terrassen rund um den Kurplatz und in der Friedrichstraße beim Denkmal. Oder man sitzt geschützt und gemütlich wie auf der kleinen Terrasse der Osteria Amici. Letztendlich zählt, egal wo man sitzt, vor allem die Qualität des Lokals.

Und wenn man dann sitzt, worauf sitzt man denn dann? Die Anwort war lange Zeit klar. Doch die früher weit verbreiteten Spritzgussstühle sind zum Glück mittlerweile weitgehend verschwunden (mit Ausnahme dort, wo sie irgendwie immer noch ganz atmosphärisch wirken, wie zum Beispiel in Yusuf´s Fischstube im Gewerbegelände). In vielen neueren Lokalen auf der Insel hat es den namenlosen weißen Monoblock ohnehin niemals gegeben. Heute überwiegt bei der Bestuhlung Metall, Flechtwerk und Holz. Echte Hingucker sind dabei die Lounge Chairs und weißen Holzbänke der Milchbar oder die lässigen Bauholzmöbel auf der Terrasse der Weissen Düne..

von links oben im Uhrzeigersinn: vorbeiziehende Fähre an der Giftbude, Snack an der Weissen Düne, leckerer Hauswein auf der Terrasse der Milchbar am Damenpfad, Frühstück im Surfcafé am Januskopf, rechts: Bauholzmöbel an der Weissen Düne

Tipp.
Ganz praktisch, wenn sich bei Bedarf eine Überdachung über der Terrasse öffnen und schließen lässt, gute Beispiele dafür sind die Giftbude am Weststrand, das Strandhotel Georgshöhe oder das Restaurant Mathilde am Meer im Strandhotel Pique.

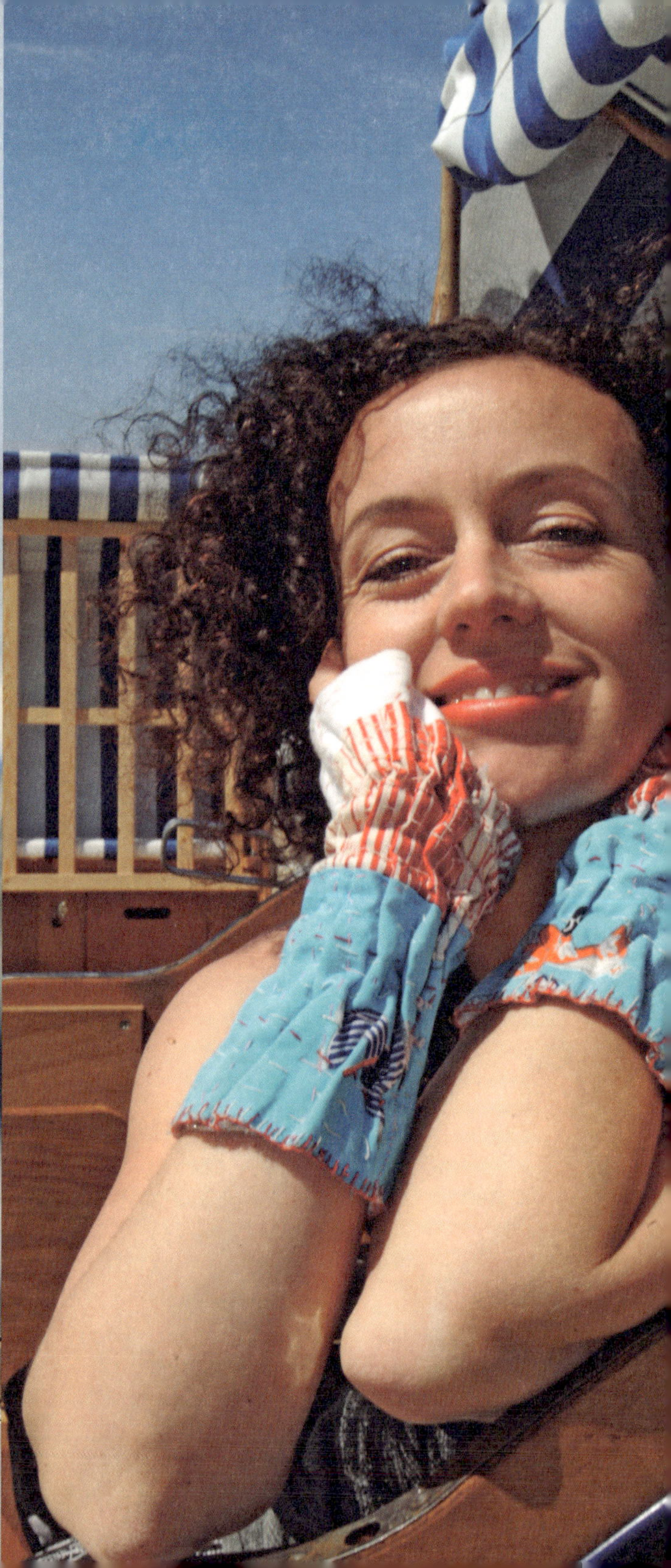

Filmfest

Das Cannes des Nordens

Einmal im Jahr bekommt der Ausdruck „großes Kino“ auf der Insel eine neue Bedeutung. Denn dann wird das Norderneyer Kurtheater zu einem der Schauplätze des renommierten Filmfestes Emden-Norderney. Brandneue Filme und immer wieder auch prominente Gäste machen einen Aufenthalt auf der Insel während dieser Zeit für Cineasten besonders reizvoll. Als zum Beispiel Markéta Irglová und Glen Hansard mit ihrem Film „Once“ den Norderneyer Sonderpreis gewannen, da ahnte noch niemand, dass nur wenige Monate später ein Oscar folgen sollte. Das Filmfest ist immer für Überraschungen gut und findet in der Regel zwischen Pfingsten und dem Beginn der Sommerferien statt.

Tipp.
Unsere besondere Empfehlung gilt dem Festivalsamstag, denn wenn auf Norderney der so genannte „Dünentalk“ lockt, ist die Dichte der Stars besonders groß.

links: Regisseur und Filmproduzent Sönke Wortmann, Schauspielerin Maria Schrader
rechts: Oscar Gewinner Markéta Irglová und Glen Hansard

»
Filmfest Emden-Norderney
www.filmfest-emden.de

» **Bademuseum**
Am Weststrand 11, (04932) 935422
www.museum-norderney.de

Die Historie der Insel Norderney als mondänes Seebad reicht bis weit in das 19. Jahrhundert zurück. Seit der Errichtung des Conversationshauses im Jahre 1837 zeugen zahlreiche illustre Gäste von der Bedeutung der Insel als gesellschaftlichem Treffpunkt - darunter Kaiser, Könige und Staatsmänner. Das Buch „Berühmte Gäste Norderneys" von Michael Fleischer liest sich wie ein „Who is who" der Prominenz im 19. und frühen 20. Jahrhundert. Die Vorfahren des Welfenprinzen Ernst August von Hannover machten Norderney einst sogar zu ihrer Sommerresidenz und forcierten die Entwicklung einer lebendigen Badekultur auf der Insel.

Das Norderney des 21. Jahrhunderts ist das Ergebnis wechselvoller Stadtgeschichte voller Dynamik. Viele Veränderungen der Gegenwart verbinden gestern und morgen in einer zeitgemäßen Form. Das heute prachtvoll neu belebte Conversationshaus bietet dafür ein beeindruckendes Beispiel. Wer auf Norderney mit offenen Augen durch die Innenstadt spaziert, entdeckt immer wieder den Geist königlicher Seebadtradition. Ein feiner Begleiter ist dabei der kleine Band „Architektur Highlights auf Norderney" von Christiane Winter. Dort, wo die Spuren der Vergangenheit verschwunden sind, lässt sie das Bademuseum am Weststrand auf sehenswerte Weise neu auferstehen.

Tipp.
Wer in lebendiger Form etwas über Norderneyer Stadtgeschichte(n) erfahren möchte, dem empfehlen wir einen Rundgang mit dem Stadtarchivar und Leiter des Bademuseums Manfred Bätje. Die Führungen finden in der Regel Mittwoch nachmittags statt. Einfach bei der Touristeninformation im Conversationshaus am Kurplatz nach den nächsten Terminen erkundigen.

Reiten

Für jedermann

Wer gern reitet und sein Pferd mit in den Urlaub nehmen möchte, findet auf Norderney ein ideales Ziel. Die Insel bietet für Reiter und ihre Tiere eine ausgezeichnete Infrastruktur. Aber auch wer die Reiterei nur als Zuschauer erleben möchte, kommt bei zwei alljährlich im Spätsommer bzw. Frühherbst stattfindenden Events auf seine Kosten. Bei der Norderneyer Jagdwoche dreht sich alles um die so genannte „Schleppjagd". Dem unbeteiligten Zuschauer am Strand oder am Wegesrand bietet sich ein spektakulärer Anblick, wenn eine Meute von etwa 30 Jagdhunden entlang der „Schleppe", einer zuvor ausgelegten Duftspur aus Heringslake, mit Eifer und Gebell über die Insel hechtet - gefolgt von Pferden, Jagdbläsern und Reitern in imposanter Jagdmontur. Aber auch, wer lieber Spring- oder Dressurreiten sieht, hat dazu auf Norderney Gelegenheit. Nur kurze Zeit nach der Jagdreiterwoche findet das traditionelle Reitturnier statt. Infos und Termine zu beiden Veranstaltungen sind auf der Internetseite der Reitschule Junkmann zu finden.

Tipp.
Vergessen Sie nicht, Ihren Fotoapparat mitzunehmen, wenn die Reiter unterwegs sind. Es lohnt sich.

» **Reitschule Junkmann**
Lippestraße 23, (04932) 92410
www.reitschule-junkmann.de

» **Reiterhof Harms**
Am Leuchtturm 11, (04932) 2108
www.reiterhof-harms.de

Reiter und Hundemeute während der Jagdwoche am Strand von Norderney

links: König Ernst August von Hannover
rechts: historische Gästeliste, Bettina und Christian Wulff am Strand von Norderney

Prominenz

Bekannte Gäste der Insel

Norderney ist nicht Portofino, nicht Port Andratx, Marbella oder Kampen - aber wer will das schon? Dennoch gab und gibt es auf den Gäste-Listen der Norderneyer schon immer reichlich bekannte Namen von Menschen des öffentlichen Lebens. Einige der frühen prominenten Gesichter lassen sich noch heute auf großformatigen Ölgemälden im ohnehin sehenswerten „Weissen Saal" im Conversationshaus bestaunen: Es handelt sich - allen voran Georg V. (1819-1878) - um die Könige von Hannover, mit denen der Boom Norderneys als gesellschaftlicher Treffpunkt im 19. Jahrhundert begann. Es folgten noch unzählige weitere große Namen, darunter so klingende wie Fontane, Humboldt oder Bismarck.

Bis heute verkehrt Prominenz auf der Insel, bloß eben nicht so offen zur Schau getragen wie andernorts. Die Politiker Franz Müntefering und Christian Wulff - um mal zwei Beispiele aus der Gegenwart zu nennen - haben aus ihrer Verbundenheit zur Nordseeinsel Norderney nie ein Geheimnis gemacht. Es ist anzunehmen, dass der neue Stil der Insel die Zahl prominenter Norderney Fans weiter ansteigen lässt. Warum auch nicht? Auch Menschen im Blickpunkt der Öffentlichkeit brauchen gelegentlich Urlaub.

Tipp.

Der beeindruckende „Weisse Saal" im Conversationshaus ist nicht immer geöffnet. Erkundigen Sie sich bei der Touristeninformation nach aktuell dort stattfindenden Veranstaltungen und schlagen sie so zwei Fliegen mit einer Klappe.

Wattwandern

Schlick an den Füßen

Mit bloßen Füßen oder Gummistiefeln durch das Watt zu stapfen und unter fachkundiger Anleitung eine der faszinierendsten Naturlandschaften Europas zu erkunden, zählt sicher zu den Klassikern unter den Nordseeurlaub Aktivitäten. Und dennoch: Haben Sie schon einmal eine traditionelle Wattwanderung mitgemacht? Noch nie? Dann sollten Sie es ausprobieren, es lohnt sich wirklich. Gleich mehrere staatlich geprüfte Wattführer bieten auf Norderney professionell geführte Touren an.

Eine Wattwanderung verspricht lebendige und unterhaltsame Naturerfahrung zum Mitmachen. Sie erleben, wie Miesmuscheln das Wasser filtern, graben nach Wattwürmern, sehen Seehunde vorbeischwimmen und schauen den Krebsen in die Augen. Besonders spannend wird der Ausflug, sobald Sie den eher festen Boden des Sand- und Mischwatts hinter sich lassen und das Schlickwatt erreichen. Wenn die Beine bei jedem Schritt bis zu den Knien im glitschig weichen und an organischen Substanzen reichen Untergrund versinken, durchzieht angenehme Wärme Füße und Waden.

Tipp.
Man sollte als Urlauber niemals ohne einen erfahrenen und ortskundigen Begleiter ins Watt gehen. Denn es lauern nicht zu unterschätzende Gefahren - vom plötzlich aufziehenden Seenebel über versteckte Schlicklöcher bis zum schneller als erwartet auflaufenden Wasser mit starken Strömungen in den Rinnen und Prielen.

links: Wattwanderer im tiefen Schlick
rechts: Wattbewohner, Wattführerin Brigitte Janssen

» Wattwandern mit Brigitte
Winterstraße 9-10, (04932) 2116
www.wattwandern-mit-brigitte.de

» Watt- und Inselführer Eduard Fokken
Luciusstr. 22, (04932) 991155

Überraschendes

Von Zauberwäldern und Männerträumen

Wer Norderney gerade erst kennenlernt, wird die Insel in ihrer kontrastreichen Vielfalt vermutlich als ziemlich überraschend empfinden. Dieser Eindruck bestätigt sich auch nach dem x-ten Besuch in immer wieder neuen Details.

Da gibt es zum Beispiel ein mit knorrigen Stämmen wie verwunschen wirkendes Birkenwäldchen. Fahren Sie einfach mal von der Weissen Düne mit dem Fahrrad in Richtung Leuchtturm und Sie werden einen Zauberwald entdecken. Nicht weniger außergewöhnlich: der Kronleuchter im kurPalais, der binnen kürzester Zeit zu einem der am häufigsten fotografierten Objekte auf der Insel geworden ist. Kein Wunder - bietet doch das extravagante Design-Objekt in seiner expressiven Farbigkeit und Formgebung einen spannungsvollen Kontrast zum umgebenden Ambiente im Conversationshaus. Ein Hingucker, der bei Dunkelheit durch die Fenster als markanter Lichtpunkt wie eine Leuchtboje über den Kurplatz strahlt und den Weg zum neuen Herz der Insel weist. Ein Herz für Männer beweist ein kleiner Laden, der sich ganz den Träumen großer Jungs verschrieben hat. Da gibt es alles, was Mann sich wünscht - vom Modell des ersten eigenen Autos über nostalgisches Spielzeug bis zum ferngesteuerten Hubschrauber.

Dies alles bleiben nur Beispiele. Wann immer Sie Norderney bereisen und egal wie gut sie die Insel kennen: Streifen Sie mit offenen Augen durch Straßen und Gassen - denn es wird immer etwas Neues zu entdecken geben.

links: Birkenwäldchen im Inselosten
rechts: Porsche Replika bei Männerträume, kurPalais Deckenleuchter

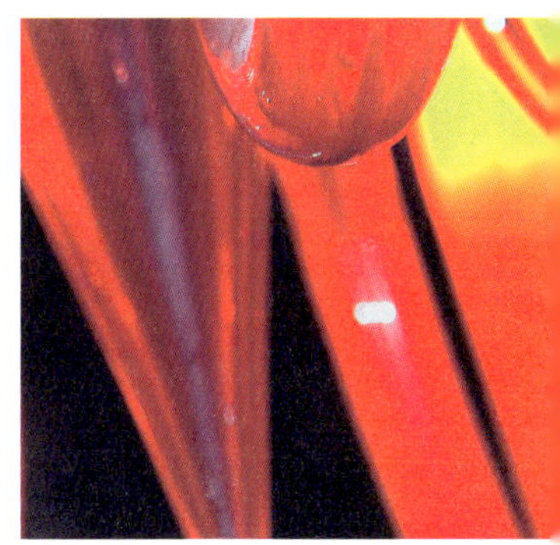

» **kurPalais**
Am Kurplatz 1, (04932) 934833
www.kurpalais.de

» **Männerträume Norderney**
Knyphausenstraße 2, (04932) 869611
www.männerträume-norderney.de

»
Deutsche Gesellschaft zur Rettung Schiffbrüchiger (DGzRS)
www.seenotretter.de

Museen

Von Lebensrettung und Badekultur

Obwohl es eigentlich kein Museum im engeren Sinne ist, verbirgt sich in der 1891 erbauten Weststation der Deutschen Gesellschaft zur Rettung Schiffbrüchiger (DGzRS) am Norderneyer Weststrand eines der interessantesten historischen Anschauungsobjekte, die es auf der Insel zu entdecken gibt: das 1893 in Dienst gestellte Ruderrettungsboot „Fürst Bismarck". An regelmäßig durchgeführten Werbe- und Schuppentagen informiert die DGzRS im und um den Schuppen über die Seenotrettung gestern und heute. Übrigens: Die Arbeit der DGzRS finanziert sich aus Spenden. Jeder noch so kleine Betrag kann helfen.

Nur weniger Meter vom Rettungsbootschuppen entfernt liegt mit dem Bademuseum am Weststrand (www.museum-norderney.de) eines der kulturellen Highlights der Insel. Das mit viel Engagement der Beteiligten in den letzten Jahren aufgebaute Museum zeigt eine sehenswerte Dauerausstellung zur Entwicklung der Badekultur sowie regelmäßig wechselnde Sonderausstellungen mit hohem Erlebniswert, darunter zuletzt so spannende Themen wie Sand, Fliegerei über Norderney oder eine Retrospektive des bekannten Malers Ole West.

links: eine historische Aufnahme des Bootes aus den 1920er Jahren
rechts: Seenotkreuzer „Bernhard Gruben" am Norderneyer Weststrand, daneben das Ruderrettungsboot „Fürst Bismarck" heute

Als weitere museale Einrichtungen informieren in anschaulicher Form das Nationalparkhaus am Hafen (www.nationalparkhaus-norderney.de) über den Lebensraum Wattenmeer sowie das Fischerhaus-Museum im Argonnerwäldchen (www.heimatverein-norderney.de) über das ursprüngliche Leben der Norderneyer.

Tipp.
Es gibt sogar eine Sternwarte auf Norderney (www.sternwarte-norderney.de), in der während der Saison regelmäßig Führungen angeboten werden.

» **Touristeninformation**
Conversationshaus, Am Kurplatz 1,
(04932) 891132, www.norderney.de

Leuchtturm

Bei Tag und Nacht

Stellen Sie sich einmal in der Dämmerung oder nach Einbruch der Dunkelheit mit dem Rücken an die Mauer des Norderneyer Leuchtturms und blicken Sie nach oben. Vermutlich verstehen Sie dann, warum Krimiautorin Sandra Lüpkes diesen

links: Hochzeitspaar vor Leuchtturmkulisse (www.michaelstange.de)

Ort als ihren Lieblingsplatz auf der Insel bezeichnet. Ob weit in die Nacht hinausstrahlend, ob als romantische Kulisse für Verliebte oder einfach als Aussichtspunkt mit spektakulärem Rundumblick - der nur wenige Kilometer vom Ortskern entfernt im Osten der Insel gelegene Leuchtturm bietet bei Tag und Nacht ein lohnendes Ziel für einen Ausflug.

Seit 2006 ist der 1874 vollendete Leuchtturm nach einer mehrjährigen Renovierungspause während der Saison wieder stundenweise für den Tourismus geöffnet. Zunächst geht es 252 Stufen über eine enge Wendeltreppe und die letzten Meter über eine kleine Leiter nach oben. Und dann, wenn man durch die Tür nach außen tritt - ein Gefühl, als würde man den Kopf in luftiger Höhe aus einem Flugzeugfenster halten. Je nach Wind- und Wetterlage kann es ziemlich stürmisch zugehen dort oben, auf dem mehr als 50 Meter hohen Leuchtturm von Norderney. Wer dann aber festen Halt gefunden hat, wird mehr als entschädigt von einem Ausblick, wie man ihn ansonsten auf der Insel nirgendwo findet.

Picknick

Schlemmen am Strand

Der tollste Moment ist sicher kurz bevor es los geht. Die Decke ausgebreitet, alle Leckereien locker auf dem Boden verteilt. Die Füße in den Sand gebohrt, ein erster Schluck Wein. Durchatmen. Leben wie Gott auf der Insel. Ohne Zweifel ein besonderes Erlebnis, so ein gemeinsames Picknick am Strand. - Aber man kennt das ja. Der Mensch ist meist bequem und träge. Man denkt so oft, man könnte ja mal - und macht dann wieder doch nichts. Das gilt wohl auch beim Thema Picknick. Zum Glück gibt es das Surfcafé. Hier kann, wer mag, einen prall gefüllten Picknickkorb bestellen und mit zum Strand nehmen. Der Korb enthält alles was man braucht, für eine vergnügte Mahlzeit im Freien: saftige Sandwiches und Baguette, Salat, Aioli, Antipasti, etwas Obst und Süßigkeiten und passende Getränke, dazu noch Teller, Gläser und Besteck und eine große Decke. Je nach Tageszeit und ganz nach persönlichem Geschmack kann man den Wein natürlich auch weglassen und durch Obstsaft ersetzen. Wer Lust bekommt auf ein Picknick mit einem Picknickkorb vom Surfcafé, sollte am besten vorher kurz anrufen. Und übrigens: Auch die Milchbar Norderney plant zukünftig vermehrt die typischen Milchbar Spezialitäten auch zum Mitnehmen anzubieten.

Tipp.
Im Vergleich zum Nordstrand ist es speziell bei sonnigem aber etwas windigem Wetter meistens am Weststrand geschützter.

›› Surfcafé
Am Januskopf 9, (04932) 935750
www.surfcafe.info

›› Milchbar Norderney
Damenpfad 35, (04932) 927344
www.milchbar-norderney.de

moderner Wohnraum in den Haus Norderney Appartements

Tipp.
Vor allem bei sehr kurzfristiger Unterkunftssuche während der Hauptsaison haben Vermietungsagenturen gegenüber Direktanfragen den Vorteil, dass Sie in einem großen Pool von unterschiedlichen Ferienwohnungsangeboten nach freien Terminen suchen können.

›› **Zimmervermittlung, Staatsbad Norderney**
Am Kurplatz 1, (04932) 891300
www.norderney.de

›› **ferien.ahoi Norderney Magazin**
www.ferien-ahoi-norderney.de

›› **T&M Vermietservice**
(04932) 869841
www.logis-norderney.de

›› **Norderney-Adressen**
www.norderney-adressen.de

Ferienwohnungen

Vorübergehend zu Hause

Kennen Sie das auch: Sie sind im Urlaub am Strand, wollen kurz zur Unterkunft zurück und sagen: „Ich gehe mal eben nach Hause." Offensichtlich: Man lebt sich ein, fühlt sich fast wie daheim - das geht häufig überraschend schnell. Und je mehr die gebuchte Wohnung dem gewohnten Standard entspricht, desto intensiver ist das Gefühl von zu Hause. Die Vielfalt an Ferienwohnungen auf Norderney bietet Passendes für jeden Geschmack. Aber wir weisen noch einmal darauf hin: Schauen Sie auf jeden Fall für detaillierte Informationen vor einer Buchung auf die Homepage und/oder in den gedruckten Hausprospekt des jeweiligen Gastgebers.

Ferienwohnungen

Von A bis G

Hier im Überblick einige Beispiele für die Vielfalt der Ferienwohnungen auf Norderney. Informieren Sie sich unbedingt vor einer Buchung - zum Beispiel per Internet - ausführlicher über Stildetails und Preisniveau der einzelnen Angebote.

Appartementhaus Namuth. 3- und 4-Sterne-Appartements, teilweise direkt am Rosengarten gelegen. Rosenweg 6, (04932) 636, www.roseneck-norderney.de | **Appartementhäuser Wessels.** Stilvolle 5-Sterne-Appartements mit exzellentem Service-Angebot. Emsstraße 8, (04932) 93910, www.wessels-norderney.de | **Ferien-Domizil Visser.** Geschmackvoll ausgestattete Ferienwohnungen (360° Panorama-ansichten im Internet). Winterstraße 25, (04932) 2470, www.visser-norderney.de | **Feriendomizil am Kurplatz.** Exklusive Appartements direkt am Kurplatz. Adolfsreihe 2, (04932) 92870, www.am-kurplatz.de | **Ferienhaus Ackermann.** Zentral gelegene Ferienwohnungen im Gebäude der ehemaligen Inselschmiede. Schmiedestraße 8, (04932) 83823, www.norderney-ferienwohnungen.de | **Ferienhaus am Wäldchen.** 3- und 4-Sterne-Appartements in besonders idyllischer Lage am Rande des Ortsteils „Nordhelm". Oderstraße 1, (04932) 93920, www.ferienhaus-huber-norderney.de

links: Originalkunstwerke, hier eine Arbeit von Anders Nyborg, in den Appartementhäusern Wessels
rechts: Wohnraum im Haus Zovko

Ferienwohnungen

Von H bis Z

Hier weitere Beispiele für die Vielfalt der Ferienwohnungen auf Norderney.

Haus Munke. Vor allem Appartement „Boben" mit unkonventionellem Schnitt und lässiger kleiner Dachterrasse. Tollestraße 7, (04932) 927822, www.munke-norderney.de | **Haus Norderney Appartements.** Dependance des Hotels Haus Norderney mit geschmackvoll gestalteten und besonders exklusiv ausgestatteten Ferienwohnungen. Schulzenstraße 24, (04932) 2288, www.hotel-haus-norderney.de | **Haus Sommervogel.** Hochwertig und komfortabel eingerichtete Appartements mit Südterrasse. Mainstraße 6, (04932) 935594, www.haus-sommervogel.de | **Haus Sünrooske.** Behagliche Ferienwohnungen im Landhaus-Stil. Alter Horst 32, (04932) 81824, www.meierei-norderney.de | **Haus Zovko.** Besonders geräumige 4-Sterne-Appartements an zwei Standorten. Ellernstraße 8b und Südwesthörn 14, (04932) 82501, www.haus-zovko.de | **Norderney Domizil.** Gemütliche Appartements in guter Lage zwischen Nordstrand und Zentrum. Ellernstraße 7, (02522) 9379643, www.norderney-domizil.de | **Sommerloft Norderney.** Lässiger Stil und cooles Ambiente. Winterstraße 8, (0421) 79012912, www.sommerloft.de | **Strandhaus Atlantic.** Zentrale Lage, liebevoll restaurierte Außenfassade und ein ungewöhnliches Interieur. Damenpfad 7, (04932) 92640, www.strandnorderney.de | **Villa Nordsee.** 4-Sterne-Ferienwohnungsanlage als Dependance des Michels Kurhotel Germania. Knyphausenstraße, Ecke Tannenstraße, (04932) 882000, www.villanordsee.de | **Villa Rosenhof.** Freundliche Wohnungen in der Nähe des Kurtheaters. Gartenstraße 3, (04932) 840984, www.rosenhof-norderney.de | **Villa Mare.** Modern gestaltetes Appartement mit lichtdurchflutetem Loft-Ambiente. Damenpfad 16, (04932) 81700, www.villamare-norderney.de

Wohnraum im Sommerloft

Windsurfen

Top-Spot an der Küste

Seit dem massenhaften Durchbruch in den 1980er Jahren darf das Windsurfen mit Fug und Recht als ein Wegbereiter der modernen Trendsportarten gelten - und Norderney war dabei von Beginn an ganz weit vorne. Das mag unter anderem daran liegen, dass das Revier unterhalb des Surfcafés am Januskopf zu den besten Surf-Spots an der Nordsee zählt. Nicht zufällig stammt auch der erfolgreichste deutsche Windsurfer der vergangenen Jahrzehnte von der Insel. Wer auf Norderney professionelles Windsurfen der Extraklasse erleben möchte, sollte an Pfingsten zum jährlich stattfindenden White Sands Festival anreisen. World-Cup Profis bei spannenden Wettbewerben, ein junges und jung gebliebenes Publikum und eine Insel, die aus allen Nähten platzt, garantieren eine außergewöhnliche Atmosphäre.

Tipp.
Wer nicht nur zuschauen, sondern selbst aktiv werden möchte, kann das Windsurfen in der Surfschule beim Yachthafen im seichten Gewässer erlernen.

›› **White Sands Festival**
www.whitesandsfestival.de

Der Norderneyer Windsurfer Bernd Flessner in Aktion (www.berndflessner.de)

Kirche

Avantgarde und Umbruch

Die Katholische Kirche auf Norderney zeichnet sich durch bemerkenswerte Besonderheiten aus. Da steht zum einen ein wenig versteckt in einer kleinen Seitenstraße unterhalb der Kaiserwiese ein eigentümliches Gebäude. Ein anderer Autor urteilte einmal, es erinnere architektonisch an eine Großgarage. Widerspruch. Immerhin handelt es sich um einen für seine Zeit wegweisenden Bau des Kölner Architekten Dominikus Böhm, der unter Kunsthistorikern unbestritten als einer der größten Kirchenbaumeister des 20. Jahrhunderts gilt. Der klingende Name dieser Kirche: Stella Maris. Avantgarde der frühen 1930er Jahre, die in ihrer geradlinigen Formgebung bis heute offensichtlich noch dann und wann anzuecken vermag.

Geteilte Reaktionen provoziert auch eine in die Zukunft gewandte Umgestaltung der St. Ludgerus Kirche in der Friedrichstraße. „Hier ist nun plötzlich überall vorne", beschreibt ein Besucher in dem ausliegenden Gästebuch seine Reaktion auf das außergewöhnliche Konzept. Ein Ziel der Verantwortlichen war es, einen Kirchenraum zu gestalten, in dem auch die Generation unserer Kinder einen Ort der Einkehr findet. Begeisterung und Widerspruch - das Konzept irritiert, kalt lässt es niemanden. Es wirkt fortschrittlich, und greift doch zurück auf traditionelle Vorstellungen eines kommunikativen Miteinander.

Tipp.
Wir empfehlen unabhängig von Religion und Glauben, beide Kirchen selbst zu erleben und sich von der besonderen Stimmung und Raumgestaltung einfangen zu lassen. Und erkundigen Sie sich, ob vielleicht eine Kirchenführung angeboten wird.

St. Ludgerus in der Friedrichstraße, Außenansicht Stella Maris in der Goebenstraße

» **Katholische Kirchengemeinde St. Ludgerus**
Friedrichstraße 22, (04932) 456
www.kirche-norderney.de

Ausblick

Insel in Bewegung

Frischer Wind aus unterschiedlichen Richtungen hält die Insel seit Jahren in Bewegung. Generationswechsel, Ideen vor Ort und Konzepte von außen, politische Strukturen sowie ein hohes Maß an Unternehmungslust und Eigenmotivation der Norderneyer prägen und beeinflussen den neuen Stil der Insel. Schon jetzt werfen wichtige Projekte ihre Schatten voraus, zum Beispiel wie entwickelt sich das Areal um das Haus der Insel.

Ein von maßgeblich für den Tourismus zwischen Cuxhaven und Emden Verantwortlichen angestoßener „Masterplan Nordsee" prognostiziert und fordert auch in den kommenden Jahren eine weitere Attraktivitätssteigerung der Nordsee-Region. Auf Norderney stehen bestenfalls die Mahlwerke der alten Mühle still - ansonsten bleibt die Insel in rasanter Bewegung. Wir werden Sie kontinuierlich in unserem halbjährlich auf Norderney erscheinenden ferien.ahoi Norderney Magazin über alle wichtigen Veränderungen informieren.

rechts: die 1862 erbaute Inselmühle an der Marienstraße

»
Tourismusverband Nordsee e. V.
Masterplan Nordsee
www.friesland.de

»
ferien.ahoi Norderney Magazin
www.ferien-ahoi-norderney.de

Strandpromenade
Kaiserstraße
Am Januskopf
Am Januskopf
Tannenstraße
Nienburgstraße
Benek
Moltkestraße
Strandpromenade
Bismarckstraße
Roonstraße
Goebenstr.
Knyphausenstraße
Winterstraße
Frisiastraße
Benekestraße
Schulzenstraße
Wiedaschstraße
Ellernstraße
Maybachstraße
Kaiserstraße
Halem-
straße
Heinrichstraße
Kreuzstr.
Friedrichstraße
Seilerstraße
Bogenstraße
Luciusstraße
Ellernstraße
Jann-Ber
An d.Schanze
Gartenstr
Friedrichstraße
Schmiedestr.
Herrenpfad
Jann-Berghaus-Str.
Tollestr.
Karlstr.
Luisenstraße
Jann-Berghaus-Str.
Langestraße
Osterstraße
Damenpfad
Kampstr.
Poststraße
Fischerstr.
Kirchstraße
Gartenstraße
Kirchstraße
Bäckerstr.
Wedelstr.
Adolfstr.
Feldhausenstraße
Janusstraße
Rosenweg
Strandstraße
Mittelstraße
Wilhelmstraße
Marienstraße
Strandpromenade
Bülowallee
Georgstraße
Brunnenstraße
Marienstraße
Victoriastraße
Hafenstraße
Am Weststrand
Weststrandstraße
Habenpad
Up Süderdün
Südwesthörn
Am Weststrand
Am Westdeich

Norderney liegt zwischen Juist und Baltrum an der deutschen Nordseeküste vor Norddeich und ist aus Richtung Süden besonders bequem über die wenig befahrene Autobahn A31 oder per Bahn erreichbar. Eine weitgehend tidenunabhängige Fährverbindung erleichtert die flexible An- und Abreise.

Norderney ist die zweitgrößte Ostfriesische Insel mit einer Länge von fast 15 km bei einer maximalen Breite von ungefähr 2,5 km und 26 qkm Gesamtfläche. Die etwa 6.000 Einwohner verzeichnen regelmäßig um die 400.000 Anreisen bei circa 3.000.000 Übernachtungen. Die Zahlen schwanken natürlich ein wenig.

›› Wichtige Telefonnummern.
Vorwahl: 04932 +++ Polizei: 92980 und 110 +++ Krankenhaus: 8050 +++ Stadt Norderney: 9200 +++ Staatsbad Norderney (Kurverwaltung): 8910 +++ Touristeninformation (Service-Center): 891131 oder 891132 +++ Zimmervermittlung: 891300 +++ Taxendienst: 2345 oder 3333

›› Wichtige Websites.
Wikipedia Norderney Eintrag: de.wikipedia.org/wiki/norderney +++ Staatsbad Norderney: www.norderney.de +++ Stadt Norderney: www.stadt-norderney.de +++ Inselchronik: www.norderney-chronik.de +++ Reederei Frisia (Fährplan): www.reederei-frisia.de +++ ferien.ahoi Norderney Magazin: www.ferien-ahoi-norderney.de

Tipp.
Vieles auf Norderney rankt sich unübersehbar um die Hauptadern der Innenstadt - Strandstraße, Poststraße, Friedrichstraße und Jann-Berghaus-Straße. Nicht zuletzt damit Sie auch die etwas versteckteren Attraktionen der Insel leichter entdecken, gibt es dieses Buch.

Heiraten

Romantische Hochzeit am Strand

Auf der Suche nach einem außergewöhnlichen Ort für die Hochzeit kehren immer mehr heiratswillige Paare ihrem heimischen Standesamt den Rücken. Der überwiegende Teil der auf Norderney getrauten Eheleute kommt mittlerweile vom Festland und das hat einen Grund. Bietet doch das Standesamt der Insel neben den eigenen Räumlichkeiten am Kurplatz mit der so genannten Hochtiedsstuv ein idyllisch gelegenes Trauzimmer in Strandnähe, in dem man nicht nur heiraten und feiern, sondern auf Wunsch auch gleich seine Hochzeitsnacht verbringen kann.

Alternativ und für viele vielleicht noch attraktiver besteht bei passendem Wetter in der Saison die Möglichkeit, direkt am Strand zu heiraten, vor einem historischen Badekarren. Das Standesamt Norderney informiert gerne über alle weiteren Details einer Hochzeit auf der Insel. Einfach mal anrufen.

Tipp.
Wir empfehlen für professionelle Hochzeitsfotografie Michael Stange, Krahnstraße 30, 49074 Osnabrück, (0541) 331000, www.michaelstange.de

» **Standesamt Norderney**
Bettina Mai, Am Kurplatz 3, (04932) 92 02 15, www.stadt-norderney.de

Norderney. Der neue Stil der Insel

Ralf Taprogge, Carsten Muecke

Impressum

Oderstraße 23, 48145 Münster
Telefon. (0251) 63462, Fax. (0251) 63462
info@ferien.ahoi.de,
www.ferien-ahoi-norderney.de

Cover. Seesteg Pool, 2008. Carsten Muecke

Typo. Frutiger
Papier. Römerturm Druckfein 150 g/m^2
Druck. Druckhaus Cramer, Münster

Bildnachweis.

Wir danken allen beteiligten Fotografen für ihre erkennbar unterschiedlichen Perspektiven, ohne die unser zentrales Motiv von Norderney als einer Insel der Kontraste nicht in dieser Form darzustellen gewesen wäre.

Axel Hahne [79 links], Bea Marquardt [119 rechts], Bernd Flessner [6, 136], Bücher Lübben [99 links], Deff Westerkamp [40], DGzRS Norderney [76, 124], DLRG Norderney [16], Engel & Völkers [75], Frank Kahl [125 links], Getränkeshop am Denkmal / Katja Brandt [104 links unten], Griet Reverts [12], Helge Plavenieks [72/73], Hotel Haus am Meer / Carsten Heidmann [67 links, 140], Hotel Haus am Meer / Deff Westerkamp [67 rechts], Haus Norderney Appartements / Tom Bendix [130], Hubertus Tofall [82 rechts, 127], Ina Frings [86 mitte], Ingo Jahn [7, 20/21, 30/31], Jörn Namuth [107 links], König Event Marketing [17, 26 links unten, 37, 88/89], Landhuis am Denkmal [60, 61 rechts], Mareike Windhorst [58 rechts unten], Michael Massberg [87], Michael Stange [6 rechts, 126, 144], Miriam Koch [98], Nordsee-Helikopter [62/63], Sandra Lüpkes / Anne Eilers [99 rechts], Sebastian Glauer [122], Seesteg / Jens Brune [66], Seesteg / Urs Kluyver [22, 29, 47, 53, 96], Silke Peters / Katja Brandt [90], Stadtarchiv Norderney [114], Stefan Stürenburg [86 links, 116], Strandhotel Georgshöhe [46, 58 rechts oben, 71 oben], Strandhotel Pique / Oliver Kürten [68], VHS Emden / Internationales Filmfest Emden-Norderney [112/113], Villa Christina [103 rechts], Weisse Düne / Hajo König [7 rechts , 35]. Alle weiteren Fotos und Abbildungen stammen von den Autoren.

Printed in Germany
ISBN 978-3-9812680-0-3

ferien.ahoi EDITION